Michaela Kellner | Andrea Khom

Konfliktfalle E-Mail

Michaela Kellner | Andrea Khom

Konfliktfalle E-Mail

Wie Sie die Macht der Emotionen nutzen und
mit E-Mails verblüffend einfach mehr erreichen

Der Goldegg Verlag achtet bei seinen Büchern und Magazinen auf nachhaltiges Produzieren. Goldegg Bücher sind umweltfreundlich produziert und orientieren sich in Materialien, Herstellungsorten, Arbeitsbedingungen und Produktionsformen an den Bedürfnissen von Gesellschaft und Umwelt.

MIX
Papier aus verantwortungsvollen Quellen
FSC
www.fsc.org
FSC® C083411

ISBN Print: 978-3-903090-92-7

© 2017 Goldegg Verlag GmbH
Friedrichstraße 191 • D-10117 Berlin
Telefon: +49 800 505 43 76-0

Goldegg Verlag GmbH, Österreich
Mommsengasse 4/2 • A-1040 Wien
Telefon: +43 1 505 43 76-0

E-Mail: office@goldegg-verlag.com
www.goldegg-verlag.com

Layout, Satz und Herstellung: Goldegg Verlag GmbH, Wien
Druck und Bindung: CPI books GmbH, Leck

Inhaltsverzeichnis

Geleitwort Dirk W. Eilert

Sagt uns ein Kollege „Ich schaffe das Projekt auf jeden Fall", wirkt dabei aber deutlich gestresst, vertrauen wir nicht den Worten, sondern der Körpersprache des Kollegen. Wir denken: „Das schafft er doch auf keinen Fall!"

Was ist passiert?

Unser negativer Eindruck lässt sich leicht erklären: Auch wenn wir sprechen können, sind wir Menschen immer noch nonverbale Wesen. Die verbale Sprache ist laut wissenschaftlichen Schätzungen 35.000 bis maximal 40.000 Jahre alt. Die stille Sprache von Mimik und Körper hingegen teilen wir mit unseren genetischen Vorfahren aus dem Tierreich.

Was geschieht nun in der Kommunikation per E-Mail, wenn so wichtige Informationskanäle wie Körperhaltung, Mimik, Gestik und Stimme wegfallen? Verdeutlichen wir uns die herausragende Rolle von Körpersprache in der Kommunikation, ist es umso verständlicher, dass E-Mails eine wahre Konfliktfalle sind.

Denn hier fällt der nonverbale Anteil der Kommunikation komplett weg, wenn wir den Einsatz von Emoticons – der im Business-Kontext ohnehin nur selten vorkommt – einmal vernachlässigen. So kommt es dazu, dass der Leser einer E-Mail Bedeutungen in den Text legt, von denen wir vielleicht nicht einmal geahnt haben, dass es sie gibt. Deshalb sind die Worte und der Stil, in der Sie eine E-Mail schreiben, viel bedeutsamer, als dies in der alltäglichen Kommunikation der Fall ist. Aber worauf müssen wir achten, damit wir die Absicht, die wir mit der E-Mail hatten, „sauber" transportieren? Und wie schreiben wir eine E-Mail so, dass sie den Empfänger positiv anspricht? Die Antwort liegt gerade in Ihren Händen.

Michaela Kellner und *Andrea Khom* ist es mit diesem Buch gelungen, einen sehr praxisorientierten und umfassenden Ausweg aus der *Konfliktfalle E-Mail* zu schaffen. Dabei verbinden sie ihre jahrzehntelange Erfahrung als klassische Kommunikationstrainerinnen für Telefon und E-Mail mit ihrer Expertise im Bereich Mimikresonanz®. Dadurch ist ein in meinen Augen einzigartiges Buch entstanden, das nicht nur die herkömmlichen Praxistipps im Umgang mit E-Mails behandelt, sondern darüber hinaus auch die neuesten Erkenntnisse aus der Persönlichkeits- und Emotionspsychologie aufgreift, um mit E-Mails gekonnt den Empfänger positiv anzusprechen und zu erreichen.

Ich wünsche Ihnen bei der Lektüre dieses Buches viel Spaß und viele gewinnbringende Erkenntnisse.

Herzlichst

Ihr *Dirk W. Eilert*
Leiter der Eilert-Akademie für emotionale Intelligenz
Entwickler der Mimikresonanz®-Methode
www.eilert-akademie.de

Betreff: Was Sie in diesem Buch erleben

Liebe Leserin, lieber Leser!

Es scheint Ihnen wie vielen unserer Seminarteilnehmer zu gehen, wenn Sie dieses Buch in Händen halten. Sie ärgern sich über nichtssagende Betreffzeilen oder einen falsch geschriebenen Namen. Sie warten auf eine Antwort und sind enttäuscht, dass diese nicht kommt. Sie lesen etwas und haben nur Fragezeichen im Kopf. Sie erhalten ein E-Mail und beim ersten Lesen läuten bei Ihnen alle Alarmglocken oder Sie fühlen sich falsch verstanden. Sie lesen die Zusammenfassung eines Telefongesprächs und können sich nicht erinnern, dieses Gespräch geführt zu haben. Der Tonfall zwischen einem Kollegen und Ihnen wird mit jedem E-Mail förmlicher und kühler. Sie erhalten ein E-Mail und damit Sie verstehen, was der andere meint, drucken Sie es aus und markieren die wesentlichen Punkte, um zu wissen worum es geht.

Schneller als man denkt, wird aus einer kleinen Unachtsamkeit ein ausgewachsener Konflikt.

In unseren Seminaren stellen wir ganz am Beginn die Frage: „Gibt es Emotionen in einem E-Mail-Text?" Viele antworten spontan „Nein, denn im E-Mail geht es ja nur um Inhalt und Informationen."

Sie kennen das vielleicht selbst, Sie schreiben in einem E-Mail alle wichtigen Informationen und warten auf Antwort. Dann bekommen Sie ein E-Mail mit Fragen, die Sie bereits in Ihrem ersten E-Mail „beantwortet" haben, wenn der andere das E-Mail genau und aufmerksam gelesen hätte. Kennen Sie den Impuls, dass Sie am liebsten zurückschreiben würden „Lies mein E-Mail genau!"? Ein Vorgesetzter hat das seinem Mitarbeiter, ohne über die Wirkung nachzudenken, so beantwortet: „Ich beantworte Ihnen das nicht noch einmal! Machen Sie Ihren Job und lesen Sie meine E-Mails und die Anweisungen darin genau! Schicken Sie mir endlich die Antwort!" Die Beziehung zwischen den beiden wurde immer konfliktgeladener und der Mitarbeiter hat nach kurzer Zeit die Konsequenzen gezogen und seinen Job gewechselt.

Wie würde es Ihnen gehen? Würden Sie sich ärgern oder nicht? Es geht ja nur um Inhalt und Information. Oder kommen doch Emotionen hoch?

Ein weiteres schönes Beispiel für ein E-Mail, das zu Missverständnissen, Unmut und dem beliebten E-Mail-Ping-Pong-Spiel führen kann:

> „Liebe Kolleginnen und Kollegen,
> wir alle wollten doch in nächster Zeit ein Meeting zum Thema XY organisieren.
> Vielleicht schaffen wir ja schon im Laufe der nächsten Woche einen Termin. Es wäre relativ dringend. Wer hätte denn dafür Zeit? Mit einigen habe ich schon gesprochen und sie sagten im Prinzip dem Termin zu.
> Irgendwer sollte dazu eine Agenda vorbereiten. An und für sich sind die Themen ja eh klar. Die meisten von euch haben dazu sicherlich ein paar Ideen. Im Prinzip haben wir das meiste schon besprochen und offen gesagt, wollten wir eigentlich schon das letzte Mal endlich zu einer Entscheidung kommen. Ein bisschen mehr als bei unserem letzten Meeting sollte halt schon rauskommen.
> Wer würde eventuell das Protokoll schreiben?
> Wer könnte versuchen, einen Besprechungsraum zu organisieren?
> Ich würde mich freuen, wenn jede und jeder sich einbringen würde."

Was passiert nach solch einem E-Mail? Das Meeting findet viel später als geplant statt, dadurch kommt es zu erheblichen Verzögerungen beim Projekt, die wiederum viel Stress und zahlreiche Konflikte zwischen den Kollegen verursachen. Was können wir anders machen?

Wir zeigen Ihnen in diesem Buch, warum E-Mails zu Konfliktfallen werden können und wie Sie diese Falle umgehen können. Wir würzen die theoretischen Inputs aus der Kommunikation mit Beispielen aus unserer Seminarpraxis. Sie lernen Eisberge und Spiegelneuronen kennen und was diese mit dem Schreiben von E-Mails zu tun haben. Sie lernen die emotionale Wirkung von Worten einzuschätzen und wir geben Ihnen Tipps, wie Sie sich zum Schreiben einstimmen können. Sie bekommen von uns wertvolle und sofort umsetzbare Tools zur Hand, die Ihnen in Zukunft das Schreiben von E-Mails erleichtern werden. Das Buch soll für Sie Inspiration und Nachschlagewerk für den mittlerweile wichtigsten Kommunikationskanal E-Mail sein.

Im Sinne des leichteren und verständlicheren Lesens verzichten wir auf das Binnen-I und den Wechsel zwischen männlicher und weiblicher Schreibweise.

Wir wünschen Ihnen viel Spaß beim Lesen, Ausprobieren und Schreiben.

Konfliktfreie Grüße
Michaela Kellner & *Andrea Khom*

P.S.: Wir freuen uns über Ihr Feedback, Ihre Anregungen und Fragen unter feedback@ankh.at

ANKH.AT Coaching & Trainings
Kellner & Khom Coaching & Trainings OG
www.ankh.at
www.konfliktfalle-e-mail.at

I. Emotionen wirken

1. Warum Emotionen beim Leser hochkochen

*Margit schlägt in der Kaffeeküche gerade die Schrank-
tür heftig zu, als Harald hereinkommt. „Ui, was ist denn
mit dir los?" fragt er. Mit Nachdruck stellt Margit nun
die Kaffeetasse auf der Arbeitsfläche ab und greift nach
der Kaffeekanne. „Mir reißt gerade der Geduldsfaden! Ich
habe vorhin ein E-Mail vom Herrn Berger aus der Logis-
tik bekommen. Er hat meinen Namen schon wieder falsch
geschrieben!", macht Margit ihrem Ärger Luft. „Ich weiß
nicht, wie oft ich ihm schon gesagt habe, dass ich Kunner
heiße und nicht Kummer." Margit schiebt die Kaffeekanne
schwungvoll zurück in die Maschine. „Du weißt, ich bin
nicht pingelig, aber wenn jemand meinen Namen perma-
nent falsch schreibt, ärgert mich das", braust Margit weiter
auf. „Das verstehe ich gut, mich schreiben die Leute auch
oft falsch – statt Mühler schreiben alle immer Müller", ant-
wortet Harald. „Ich habe ihm eine gepfefferte Antwort geschrieben. Ich hoffe, jetzt merkt er es sich endlich!", sagt
Margit. Als sie wieder zu ihrem Schreibtisch kommt, hat
sie bereits Antwort von Herrn Berger. „Sehr geehrte Frau
KuNNer! Mag schon sein, dass es mir zum wiederholten
Mal passiert ist, dass ich Ihren Namen falsch geschrieben
habe. Aber das ist kein Grund derart ausfallend zu werden!*

So lasse ich nicht mit mir reden. Ich leite Ihr E-Mail an meinen Vorgesetzten weiter. Guten Tag."

Szenen wie diese werden uns im Seminar immer wieder geschildert und wahrscheinlich ist es auch Ihnen schon einmal ähnlich ergangen. Aus einer vermeintlichen Kleinigkeit, wie einem falsch geschriebenen Namen, baut sich ein Konflikt auf. Vielleicht können Sie die Verärgerung von Frau Kunner nachvollziehen? Doch wie kam es dazu, dass die Emotionen auf beiden Seiten hochkochen?

Eine Erklärung bieten die Spiegelneuronen an. Diese speziellen Nervenzellen im Gehirn wurden 1995 vom italienischen Professorenteam, dem Mediziner und Neurophysiologen Giacomo Rizzolatti und Vittorio Gallese[1] entdeckt. Spiegelneuronen sind ein Resonanzsystem im Gehirn, das Gefühle und Stimmungen anderer Menschen erkennt. Spiegelneuronen gelten als Sitz des menschlichen Einfühlungsvermögens und der Intuition. Sie machen uns zu sozial mitfühlenden Wesen und sind mitverantwortlich für unser Verhalten.

Was bedeutet das für unser Beispiel? Nehmen wir an, Sie haben das E-Mail gelesen, das Telefon läutet währenddessen, Kollegen brauchen Ihre Hilfe und das nächste Meeting wartet schon. Sie waren dadurch gestresst und in gereizter Stimmung, entsprechend war Ihre Wortwahl. Durch die Spiegelneuronen hat Ihr Empfänger genau diese Gereiztheit zwischen den Zeilen Ihres E-Mails herausgelesen und darauf ebenfalls gereizt reagiert.

Erschwerend kommt hinzu: E-Mail ist ein asynchrones Medium. Das heißt, Sender und Empfänger stehen nicht in unmittelbarem Dialog. Eine Nachricht wird gesendet und vielleicht erst Stunden später gelesen und noch später beantwortet. In der Zeit zwischen Senden und Lesen bleibt viel Zeit, um zu interpretieren, Annahmen zu treffen oder sogar zu unterstellen. Diese Annahmen passieren auch deshalb, weil uns die Stimme und Körpersprache fehlen, um zu verstehen, wie das Geschriebene vom Sender gemeint ist bzw. gemeint sein kann.

2. Die Macht der Spiegelneuronen

„Wie man in den Wald hineinruft, so schallt es heraus."
Diese Redensart ist Ihnen vermutlich bekannt. Sie haben es sicher auch schon erlebt: jemand gähnt und Sie gähnen mit. Oder Sie sehen sich einen traurigen Film an und verdrücken vielleicht dabei die eine oder andere Träne. Oder es lächelt Sie ein Wildfremder in der U-Bahn an und Sie lächeln automatisch zurück. Diese Reaktionen werden unbewusst von Ihren Spiegelneuronen ausgelöst – Ihrem Resonanzsystem im Gehirn.

Wenn man eine Gitarrenseite zupft, schwingen die anderen Seiten mit, nur so entsteht der volle Klang, auch Resonanz genannt. Bei uns Menschen funktioniert das ähnlich. Wir werden von den Gefühlen anderer angesteckt – unsere Spiegelneuronen „schwingen" mit. So wissen wir, wie sich andere gerade fühlen. Wir empfinden die Emotion jedoch nicht in voller Stärke (unsere Gitarrenseite wurde ja nicht gezupft), sondern leicht abgeschwächt. Dies funktioniert unbewusst. Die Spiegelneuronen ermöglichen es uns, emotional nachzuempfinden, was im Gegenüber vorgeht und erleichtern es uns dadurch, empathischer mit anderen umzugehen.

Glücklicherweise funktionieren Spiegelneuronen nicht nur bei negativen Gefühlen, sondern auch bei positiven Gefühlen. Es empfiehlt sich daher, nicht in gereizter, negativer Stimmung zu schreiben, sondern sich vor dem Schreiben eines E-Mails bewusst in eine neutrale oder noch besser positive Stimmung zu bringen.

Eine einfache und effiziente Methode, sich selbst in eine

positive Stimmung zu bringen, ist, zu lächeln. Lächeln ist das weltweite Signal für Freundlichkeit. Wenn wir lächeln, werden vom Körper Endorphine (Glückshormone) ausgeschüttet. Der Lächelmuskel schickt über seine Nerven eine Information ans Gehirn: „Ich lächle, also geht es mir gut – ich schütte Glückshormone aus!" Diese Hormone reduzieren Stress und steigern das Wohlbefinden.

Wenn Sie Ihren E-Mail-Empfänger nicht leiden können und das Schreiben des E-Mails gerade ätzend finden, wird er das zwischen den Zeilen lesen. Daher ist es sinnvoll, sich die eigene innere Haltung bewusst zu machen und diese zu verändern.

3. Lächeln Sie gegen Stress

Wir haben es alle schon oft gehört oder sogar selbst den Tipp gegeben: „Lächle, dann geht es dir gleich wieder besser." Was hat es mit diesem guten Tipp auf sich? Stimmt es tatsächlich, dass das Verziehen von zwei Muskeln dabei helfen soll, mich besser zu fühlen? Dazu gibt es eine sehr interessante Studie, die zeigt, wie wirkungsvoll das Lächeln ist.

Ein Forscherteam der Universität Kansas in den USA untersuchte in der „Lächel-Studie"[2], ob sich durch das Lächeln die Stimmung aufhellen lässt und man gelassener mit Stress umgehen kann. Dafür wurden 169 Probanden zwei stressige Aufgaben gestellt. In der ersten Aufgabe sollten innerhalb von zwei Minuten die Konturen eines Sterns so oft wie möglich nachgezeichnet werden. Die Herausforderung dabei war, dass sich die Zeichnung des Sterns in einer Metallbox befand und nur über einen Spiegel eingesehen werden konnte, während die Teilnehmer möglichst schnell mit ihrer nicht-dominanten Hand (bei Rechtshändern also mit der linken Hand) die Konturen des Sterns nachzeichnen sollten.

In der zweiten Aufgabe mussten die Teilnehmer der Studie ihre nicht-dominante Hand eine Minute lang in zwei bis drei Grad kaltes Wasser halten.

Es gab drei unterschiedliche Gruppen. Gruppe 1 (Kontrollgruppe) machte während der beiden Aufgaben einen neutralen Gesichtsausdruck. Gruppe 2 musste ein Essstäbchen so mit den Zähnen festhalten, dass ein Lächeln erzwungen wurde. Gruppe 3 hielt das Essstäbchen auf eine Weise mit den Zähnen, bei der die Gesichtsmuskeln angespannt wurden, die aktiv sind, wenn wir aufgrund echt erlebter Freude lächeln müssen. Den Probanden war während der Studie nicht bewusst, dass sie lächelten.

Die Forscher untersuchten, wie sich der entsprechende Gesichtsausdruck auf die emotionale und körperliche Stressreaktion auswirkte. Um die emotionale Reaktion zu bestimmen, füllten die Probanden vor und nach den Aufgaben einen Fragebogen über ihren Gefühlszustand aus. Die körperliche Reaktion wurde unter anderem über die Herzfrequenz und den Blutdruck gemessen.

Im Ergebnis fühlten sich beide „Lächel-Gruppen" während der Aufgaben weniger gestresst als die Personen, die einen neutralen Gesichtsausdruck machten. Das heißt, es macht einen sehr geringen Unterschied, ob wir wirklich lächeln oder nur die Mundwinkel nach oben ziehen. Die körperliche Stressreaktion konnte während der Aufgaben durch das Lächeln zwar nicht beeinflusst werden. Dafür war aber die Erholungsphase, nachdem die Aufgabe abgeschlossen worden war, erheblich kürzer. Die durch den Stress vormals erhöhte Herzfrequenz der lächelnden Studienteilnehmer war nach den beiden Aufgaben schneller wieder auf entspanntem Normalniveau als in der Kontrollgruppe.

Dass unsere Stimmung sich drastisch verbessert, wenn wir negative Gesichtsausdrücke vermeiden (z.B. Zusammenziehen der Augenbrauen) und stattdessen lächeln, haben auch weitere Studien ergeben.

Tipp
Greifen Sie sich einfach einen Bleistift, nehmen Sie diesen quer zwischen Ihre Zähne – so lächeln Sie schon, ohne wirklich lächeln zu wollen. Nun schreiben Sie Ihre E-Mails. Sie werden feststellen, dass diese freundlicher klingen, lesbarer sind und Sie beim Schreiben selbst auch weniger Stress empfinden.

4. Der Backofen-Effekt

Neben den Spiegelneuronen kommt noch ein zweites Phänomen zum Tragen: die Refraktärzeit von Emotionen, auch Backofen-Effekt genannt. Stellen Sie sich vor, Sie haben einen Kuchen oder eine Pizza im Backrohr. Sie nehmen die Speise heraus, wenn sie fertig ist, und schalten das Backrohr ab. Dieses ist jedoch noch eine Zeitlang warm und kühlt erst langsam ab. So geht es uns auch mit unseren Emotionen. Manche kochen rasch hoch, manche bauen sich langsam auf – alle jedoch brauchen eine gewisse Zeit, bis sie wieder komplett „abgekühlt" sind.

Während dieser „Abkühlphase" wirkt die aufgetretene Emotion wie ein Wahrnehmungsfilter: Wir hören, fühlen und sehen in dieser Zeit alles „gefärbt" durch diese Emotion.

Ärgern wir uns also z.B. über den unfreundlichen Tonfall eines E-Mails oder darüber, dass wir falsch angeschrieben werden, dann lesen wir den Inhalt durch die „Ärger-Brille" und unbewusst lehnen wir den Inhalt des E-Mails gleich mit ab. Sind wir gerade guter Stimmung und haben herzhaft gelacht, dann reagieren wir auf Rechtschreibfehler oder unstrukturierte Schachtelsätze gelassener.

Achten Sie darauf, dass Sie selbst nicht verärgert oder genervt ein E-Mail beantworten oder schreiben. „Kühlen" Sie sich erst einmal ab. Nutzen Sie Stress-Abbau-Methoden oder schlafen Sie eine Nacht darüber, wenn es möglich ist. Danach sieht die Welt nämlich wirklich anders aus, weil unser Emotionszentrum in der Nacht die Emotion zu einer Information umarbeitet.

Sie merken wahrscheinlich jetzt schon, dass es beim Schreiben eines E-Mails um weit mehr geht, als einfach schnell eine Information zu übermitteln. Spiegelneuronen und Backofen-Effekt spielen dabei eine große Rolle, ebenso wie die Wahl Ihrer Worte.

Damit Ihre E-Mails in Zukunft nicht Auslöser eines Konfliktes werden, schauen wir uns im nächsten Schritt an, worauf Sie beim Schreiben noch achten können.

5. Die Macht der Worte

„Ein übereiltes mündliches Wort wird wieder vergessen, aber ein geschriebenes kann noch nach fünfzig Jahren Unheil stiften", bringt Freiherr von Knigge es bereits 1790 auf den Punkt. Sie lesen in einem E-Mail den Satz „Ich gebe Ihnen dazu folgenden Ratschlag." Wie geht es Ihnen mit diesem Satz? Manche von uns freuen sich über die Empfehlung, andere sind neugierig auf den Rat, weitere empfinden den Satz als überheblich und die übrigen reagieren auf das letzte Wort – den Schlag.

Worte sind mehr als ein Aneinanderreihen von Buchstaben. Sie können uns Kraft geben oder uns lähmen, sie können trösten oder auch tief verletzen. Manche Worte hängen einem Tage oder sogar jahrelang nach. Wir verknüpfen mit bestimmten Worten bestimmte Gefühle. Je nach der Erfahrung, die ich mit einer Sache gemacht habe, für die das Wort steht, haben wir angenehme oder unangenehme Empfindungen. Denken Sie einfach an Schnee! Was fällt Ihnen dazu ein? Kommen Bilder vom Schneeschaufeln, schmutzigen Straßen und Kälte in Ihnen hoch oder freuen Sie sich wie ein Kind auf die ersten Flocken und die damit verbundenen Freuden?

Worte beeinflussen, wie wir denken, handeln und was wir wahrnehmen. Ein Experiment der Hochschule Harz belegte[3], dass Produktnamen das Geschmackserlebnis beeinflussen. Dafür verkosteten Testpersonen Tee. Hieß der Tee „Tropical Feeling" wurde der Geschmack als exotischer, fruchtiger und erfrischender empfunden als der Tee mit dem Namen „Vor dem Kamin". Dabei war die Teesorte im Test in beiden Fällen dieselbe. Unsere Wahrnehmung ist also alles andere als objektiv, sie lässt sich von Begriffen leiten.

Dass die sprachliche Verpackung bedeutsam für die Wirkung von Aussagen ist, beweisen medizinische Studien[4]. Sie belegen, dass die Wirksamkeit von Medikamenten stark davon abhängt, mit welchen Worten der Arzt sie dem Patienten ausgab. In einem Experiment mit Schmerzmitteln verabreichte der Arzt das Medikament mit den Worten „Versuchen wir halt mal dieses Medikament, vielleicht hilft es". Die Wirkung empfanden die Patienten als niedrig. Wurde das Medikament mit den Worten „Mit diesem Medikament haben schon viele Patienten positive Erfahrungen gemacht. Das verschafft Ihnen sicher Linderung" überreicht, sagten viele Patienten: „Es wirkt."

Um die Kraft von Bildern zu zeigen, hier noch eine dritte Studie[5]. Die Psychologin Lera Boroditsky von der Standford University machte folgendes Experiment: Sie legte den Versuchspersonen zwei Varianten eines Textes vor, der das Kriminalitätsproblem in der fiktiven Stadt Addison beschrieb. Es gab einen einzigen Unterschied im Text. Einmal wurde die Kriminalität als „wildes Tier" bezeichnet, einmal als „Virus". Die Versuchspersonen wurden aufgefordert, Ideen einzubringen, um die Kriminalitätsrate zu senken. Das Ergebnis war erschreckend und eindeutig zugleich: Die Gruppe mit dem Text „wildes Tier" machte Vorschläge, die Verbrecher hartnäckig zu jagen, sie ins Gefängnis zu stecken und strengere Gesetze zu erlassen. Die andere Gruppe, mit „Virus" im Text, schlug vor, die Ursachen zu erforschen, Armut zu bekämpfen und die Bildung zu verbessern. Beide Gruppen gaben an, sie hätten ihre Vorschläge nur aufgrund der Zahlen in der Kriminalstatistik gemacht. Ein einziges Wort machte den Unterschied!

Aus dem E-Mail-Alltag: Sie holen zwei Angebote ein und fragen nach der Lieferzeit. Sie erhalten von Unternehmen A folgende Information: „Ihre Ware kann erst nächste Woche geliefert werden." Vom Unternehmen B erhalten Sie ebenfalls ein E-Mail: „Ihre Ware kann bereits nächste Woche geliefert werden." Wo werden Sie eher kaufen? Ein kleines Wort hat hier große Wirkung.

6. Sprache schafft Wirklichkeit

Tagtäglich huschen etwa 50.000 Gedanken unbewusst durch unseren Kopf. Laut mehrerer Studien sind

- 72% flüchtige Gedanken, die nur im Moment relevant sind (Wahrnehmung der Umgebung, des eigenen Körpers, Erinnerungen, Tagträume, ...),
- 25% negative Gedanken, die uns selbst und/oder anderen schaden,
- 3% positive und hilfreiche Gedanken, die uns selbst und/oder anderen nutzen.

Diese Gedanken spiegeln sich in unseren Worten wider und das hört man auch. Achten Sie einmal im Gespräch mit Freunden, Kollegen und Vorgesetzten darauf, welche Worte und Formulierungen diese verwenden. Manche Menschen strahlen durch ihre Wortwahl eine motivierende und inspirierende Zuversicht aus. Andere begegnen uns als „Miesepeter" und „Schwarzseher", die uns mit ihren Worten regelrecht hinunterziehen. Andere Menschen saugen ihren Gesprächspartnern mit ihren Worten förmlich Energie und Zuversicht aus den Knochen. Hören oder lesen wir dauernd von Problemen und Schwierigkeiten, von Mühen und Stress, dann überträgt sich die negative Energie dieser Worte auf uns.

Ob der eine eher zuversichtlich und der andere als Bedenkenträger durchs Leben geht, hängt vom Selbst- und Weltbild ab. Die notorischen Negativdenker sehen stets Schwierigkeiten und erwarten hinter jeder Ecke eine Katastrophe. Ihnen fällt immer zuerst ein, warum etwas schlecht ist oder nicht funktionieren wird. Anders die Möglichkeitsdenker. Sie denken in schwierigen Situationen: „Irgendwie schaffe ich das schon, selbst wenn ich noch nicht weiß wie." Sie haben statt der Probleme die mögliche Lösung im Visier.

Diese beiden Denkweisen führen zu zwei völlig verschiedene Arten, mit Schwierigkeiten umzugehen. Ein Negativdenker sieht in einem Fehler eine Bestätigung, beispielsweise für sein Unvermögen. Ein Möglichkeitsdenker hakt den Fehlversuch als Lernerfahrung ab und zieht den Schluss, es beim nächsten Mal anders zu machen.

Viele Menschen sind schon achtsamer dafür geworden, welche Worte sie laut aussprechen oder aufschreiben. Es lohnt sich, darauf zu achten, welche Worte wir verwenden, wenn wir im Selbstdialog sind. Wer von uns hat nicht schon über sich gedacht „Ich habe heute so viel zu tun, ich schaffe das nie!" oder „Ich habe die Nase voll!" oder „Ich komme

schon wieder zu spät – ich werde nie pünktlich werden."
Mehr dazu finden Sie später in diesem Kapitel.

Worte haben unterschiedliche Bedeutungen für uns. Stellen Sie sich bitte eine Feder vor. Welche Feder haben Sie vor Ihrem geistigen Auge? Eine Vogelfeder? Eine Füllfeder? Die Feder eines Kugelschreibers? Die Sprungfeder eines Sofas? So geht es uns allen auch mit anderen Worten. Vor allem abstrakte Begriffe wie „Kundenorientierung", „Qualität", „rasch", „schnell", „rechtzeitig", „günstig" führen häufig zu unterschiedlichen Erwartungen auf beiden Seiten. Und wenn eine dieser Erwartungen nicht erfüllt wird, kann es rasch zu Konflikten kommen.

7. Wie Sprache das Verhalten verändert

Bernard Roth, Professor für Ingenieurswesen an der Universität von Stanford, beschreibt im Buch „The Achievement Habit"[6], wie Sprache unsere Herangehensweise an Ziele formt. Die Art, wie wir sprechen, beeinflusst nicht nur, wie wir von anderen wahrgenommen werden – sie hat auch das Potential, unser Verhalten zu verändern.

Professor Roth schlägt zwei einfache sprachliche Kniffe vor, die wir sehr erfolgreich anwenden können:

■ *Tauschen Sie „aber" durch „und" aus:* Wahrscheinlich würden Sie sagen: „Ich möchte ins Kino gehen, aber ich habe noch zu arbeiten." Stattdessen schlägt Professor Roth folgende Formulierung vor: „Ich möchte ins Kino gehen und ich habe noch zu arbeiten."

Wenn wir das Wort „aber" nutzen, kreieren wir einen Konflikt oder einen Grund, der nicht wirklich existiert. Es ist sowohl möglich, zu arbeiten als auch ins Kino zu gehen – wir müssen nur eine Lösung finden.

Wenn wir das Wort „und" verwenden, überlegt unser Gehirn, wie es beide Teile des Satzes umsetzt. Unser Gehirn denkt dann über Lösungen nach, wie beides erledigt werden kann. Das Wort „und" hilft uns also, kreative Lösungen zu finden, statt sich mit einem Konflikt, mit einer Entweder-oder-Entscheidung herumzuschlagen.

■ *Ersetzen Sie „Ich muss" durch „Ich will" oder „Ich möchte":* Professor Roth beschreibt diese einfache Übung als sehr effektiv. Sie zeigt auf, dass alle Dinge, die wir tun – auch die unerfreulichen – in Wahrheit die sind, für die wir uns entschieden haben. Irgendwo steckt ein Nutzen, der so hoch ist, dass sich der Aufwand für uns lohnt. Sonst würden wir nicht so handeln.

Sie müssen Dinge nicht tun. Sie wollen sie tun. Sagen Sie besser „Ich will" und stehen Sie zu Ihrer Entscheidung.

Diese beiden einfachen sprachlichen Kniffe sind die Schlüsselkomponenten einer Problemlösungsstrategie, die „Design Thinking"[7] genannt wird. Diese Strategie ist universell anwendbar, um kreative Lösungen für Probleme zu finden. Dadurch kann sich auch Verhalten verändern. Wenn wir uns nicht am Problem festklammern und uns in endlose „Entweder-oder-Entscheidungen" verstricken, kann sich unser Verhalten gegenüber Kollegen, Kunden, Mitarbeitern verändern.

Vielleicht fragen Sie sich nun: Was hat das alles mit dem Schreiben von E-Mails zu tun?

Wenn Sie schon vor dem Schreiben eines E-Mails „und" statt „aber" denken und „Ich will" statt „Ich muss", versetzen Sie sich emotional in eine ganz andere Stimmung. Sie gehen lösungsorientierter an Aufgaben heran und finden für Ihren E-Mail-Empfänger andere, passendere Worte.

Wenn Sie E-Mails schreiben „wollen" statt zu „müssen" hat das außerdem eine Auswirkung auf Ihre innere Haltung. Die vorher schon erwähnte Freundlichkeit Ihrem Leser gegenüber wird dadurch viel leichter möglich und vor allem glaubwürdiger sein. So werden Konflikte, die durch die Worte „muss" und „aber" leichter entstehen können, von Anfang an vermieden.

8. Energieräuber Sprache

Worte haben eine Energie, die nicht nur eine Auswirkung auf unser Gegenüber hat, sondern auch auf unsere Befindlichkeit und unsere Gesundheit. Was glauben Sie, wie geht es unserem Magen und unserer Verdauung, wenn wir häufig sagen, dass wir „sauer" sind?

Wenn wir glauben, häufig gegen etwas ankämpfen zu müssen, entsteht Stress in unserem Körper. Der Körper gerät in einen Alarmzustand: der Muskeltonus verstärkt sich, der Adrenalinspiegel steigt und damit verbunden die Aggression und damit verbunden die Konflikt-Wahrscheinlichkeit.

Deshalb lohnt es sich, uns dafür zu sensibilisieren, welche Worte wir verwenden.

Welche Bilder sehen Sie vor Ihrem geistigen Auge, wenn Sie die folgenden Sätze lesen? Welche Empfindungen lösen sie in Ihnen aus?

» Ich hänge halt daran.
» Wir nehmen das Projekt in Angriff.
» Ich habe die Nase voll.
» Wir reißen uns ein Bein aus.
» Da stürzen wir uns in Unkosten.
» Das geht ja Schlag auf Schlag.
» Das kann ins Auge gehen.
» Mir platzt der Kragen.
» Ich zerbreche mir den Kopf.

Wenn Sie diese Sätze auf sich wirken lassen, werden Sie vermutlich eher unangenehme Gefühle empfinden oder unangenehme Bilder sehen als angenehme. Worte haben Kraft – und diese Kraft erkennen wir an ihrer Wirkung in unserem Körper. Diese Sätze sind belastend und mit Stress verbunden – also werden auch Stresshormone freigesetzt.

Was glauben Sie: Werden sich all diese negativen Gedanken verwirklichen, die wir ständig unbewusst denken?

Die Antwort lautet: Ja (leider); alle unsere Gedanken werden zurückkommen!

Die Quantenphysik, Gehirn- und Glücksforschung, Zellbiologie und weitere Forschungsbereiche können beweisen, dass sich alle unsere Gedanken verwirklichen. Sie kommen nur in versetzter Zeit, verborgen und verkleidet zu uns zurück, sodass wir die Zusammenhänge dann nicht erkennen können! Wenn wir ständig Ärger- und Stress-Gedanken haben, steigt das Stress-Hormon Cortisol in unserem Körper. Cortisol löst eine Vielzahl von weiteren Reaktionen im Körper aus, die sich langfristig in Schmerzen oder Erkrankungen manifestieren können.

Achten wir vor allem bei unseren *inneren Dialogen* darauf, wie wir formulieren und welche Bilder in unserem Kopf dabei entstehen. Eine spannende und lohnenswerte Herausforderung ist dann das Umformulieren der Sätze.

Tipp:
Besonders wirkungsvoll ist es, wenn wir den Nutzen oder den Gewinn für uns formulieren. Das geht ganz einfach mit der Ergänzung ..., *weil* ..., oder ..., *damit* ...

Die „Macht des ‚Weils‘" wurde erstmals von der Psychologin Ellen Langer dokumentiert[8]. Sie führte ein Experiment durch. Am Kopierer stand eine Schlange von Menschen an.

Sie testete drei verschiedene Begründungen, um vorgelassen zu werden. Hier sind die Ergebnisse:

- „Entschuldigung, ich habe fünf Seiten. Dürfte ich den Kopierer benutzen?" – 60% der vor ihr in der Schlange Wartenden ließen sie aufgrund dieser Begründung vor.
- „Entschuldigung, ich habe fünf Seiten. Dürfte ich den Kopierer benutzen, *weil ich in Eile bin?*" – Hier waren 94% einverstanden.
- „Entschuldigung, ich habe fünf Seiten. Dürfte ich den Kopierer benutzen, *weil ich Kopien machen muss?*" – Hier sagten 93%: „Okay".

Es scheint also so, dass das Wörtchen „weil" so kraftvoll ist, dass die eigentliche Begründung dahinter gar nicht so wichtig ist. Hauptsache, es kommt *irgendeine* Begründung.

Benutzen Sie das Wort „weil" und geben Sie so Ihren Aussagen eine Begründung – auch für sich selbst.

Ich hänge halt daran.	Es ist mir wichtig, weil …
	Es ist wertvoll für mich, weil …
Ich sollte mal wieder …	Ich mache das, weil …
	Ich möchte das machen, damit …
Wir nehmen das Projekt in Angriff.	Wir starten das Projekt, weil …
	Ich freue mich darauf, dass es (endlich) losgeht, weil …
Wir reißen uns ein Bein aus.	Wir geben unser Bestes, damit …
	Wir engagieren uns dafür, weil …
Da stürzen wir uns in Unkosten.	Wir investieren darin, weil …
	Wir geben Geld dafür aus, damit …

| Das macht mir Kopfzerbrechen. | Ich überlege, wie … Ich möchte das nochmal genau analysieren, damit … |
| Wir müssen uns um dieses Problem kümmern. | Dieses Thema ist wichtig, weil … Diese Aufgabe hat Priorität, damit … |

Überlegen Sie kritisch, wo Sie – wahrscheinlich eher in der persönlichen Kommunikation – solche energieraubenden Formulierungen verwenden oder hören. Machen Sie die Probe aufs Exempel und formulieren Sie energieraubende Sätze ab sofort positiv und mit einer motivierenden Begründung. Achten Sie auf die veränderte Wirkung, bei Ihnen selbst und bei anderen Menschen.

9. Was Eisberge und E-Mails gemeinsam haben

Harald liest seine E-Mails und stöhnt laut auf. „Was ist los?", fragt Margit. „Schon wieder ein E-Mail vom Kunden Nörgler! Immer wenn der schreibt, gibt es Probleme, der schafft es, aus jeder Mücke einen Elefanten zu machen, und er regt sich über die allerkleinste Kleinigkeit auf. Was der reklamiert, ist meist lächerlich. Am liebsten würde ich das E-Mail gar nicht lesen, da brauche ich zuerst einen Kaffee, bevor ich das bearbeite."

Wir lösen bei unserem Gegenüber immer Emotionen aus, wir sind uns dessen jedoch oft nicht bewusst. Wenn wir selbst gerade aufgewühlt oder verärgert sind, ist es nicht klug, in diesem Zustand zu schreiben. Denn in einem E-Mail

Eisberg-Prinzip

Sachebene: 20%

Beziehungsebene:80%
aussagekräftige Betreffzeile,
korrekte Anrede,
netter erster Satz,
positive Wörter,
kurze Sätze,
angenehme Gliederung,
freundliche Verabschiedung,
vollständige Signatur

Abb. 1: Das Eisberg-Prinzip der Kommunikation

Ihr Missfallen auszudrücken, bedeutet eine schriftliche Auf-
zeichnung Ihres Gemütszustandes.

Wie in jeder anderen Form der Kommunikation gilt auch
in E-Mails das Eisberg-Prinzip, welches Abläufe in der Kommunikation[9] anschaulich erklärt.

Jede Kommunikation, ob persönlich, telefonisch oder
per E-Mail läuft zeitgleich auf zwei Ebenen ab – auf der
Sachebene und auf der Beziehungsebene.

Die Inhalts- bzw. Sachebene macht in der Kommunikation nur rund 20 Prozent aus. Der weitaus größere Teil, die
Beziehungsebene oder auch emotionale Ebene, macht rund
80 Prozent aus. Warum ist das so?

Wenn wir Inhalte vermitteln wollen, so geschieht dies überwiegend über die Sprache. Die Fähigkeit, zu sprechen, existiert erst seit rund 35.000 Jahren, die deutsche Sprache überhaupt erst seit ca. 1.200 Jahren. Wir kommunizieren jedoch schon viel länger über Mimik, Körpersprache, Gestik und Stimme. Diese Informations- und Kommunikationskanäle fehlen uns oft beim Schreiben und Lesen von E-Mails. Und dieser große und wichtige Aspekt der direkten Wahrnehmung fehlt besonders, wenn es um schwierige und kontroverse Themen geht.

Was tun wir, um dieses Manko auszugleichen?

Wir lesen zwischen den Zeilen, wir stellen uns die Mimik und Körpersprache der Person vor – das aktiviert wieder unsere Spiegelneuronen. Wenn wir das Gefühl haben, dass unser Gegenüber eine positive Beziehungsebene geschaffen hat, lesen wir das E-Mail positiver gestimmt.

Wenn wir uns vom Schreiber nicht wahrgenommen und wertgeschätzt fühlen, sinkt unsere Bereitschaft, uns auf die sachliche Ebene einzulassen.

- ■ *Aus dem E-Mail-Alltag 1:* Ein Bewerber meldet sich auf eine offene Stelle mit diesem Originaltext: „Meinen Lebenslauf finden Sie im Anhang. MFG Nachname." Welches Bild entsteht in Ihrem Kopf vom Bewerber, wenn Sie dieses E-Mail lesen? Mit welcher Emotion werden Sie den Lebenslauf lesen? Wenn überhaupt?

- ■ *Aus dem E-Mail-Alltag 2:* Sie erhalten ein E-Mail mit der Anrede „Hallo!" Sie werden nicht namentlich angesprochen, der Schreiber geht sofort zur Sache. Wie reagieren Sie? Vielleicht verärgert, verstimmt oder ist es Ihnen egal? Hängt ganz vom Absender ab, werden Sie sagen. Richtig. Weil es darauf ankommt, in welcher Beziehung Sie zum Sender stehen.

Wenn wir den Absender gut kennen und ein freundschaftliches Verhältnis pflegen, wird es uns wahrscheinlich nicht weiter stören. Wir sind vielleicht ein wenig verstimmt, aber auch nicht mehr. Was aber, wenn wir mit dem Absender schon unangenehme oder gar negative Erfahrungen gemacht haben? Wenn die Beziehung nicht ganz reibungslos verlaufen ist? Dann kann eine saloppe Anrede wie „Hallo" oder ein falsch geschriebener Name die Spannungen noch mehr verstärken.

Der Spruch „Wer schreibt, bleibt" kehrt sich in dieser Situation für uns ins Negative. Denn wer will schon seinen emotionalen Ausbruch noch Monate später vorgehalten bekommen, vielleicht sogar mit wörtlichem Zitat?

Alles das, was neben dem Inhalt, den Zahlen, Daten und Fakten in der E-Mail-Kommunikation noch eine Rolle spielt, nennen wir die „Soft-Skills der E-Mail-Kommunikation".

Das heißt, es ist nicht nur wichtig, die Inhalte verständlich für den Leser auf den Punkt zu bringen. Es ist mindestens genauso wichtig, die Beziehungsebene zu berücksichtigen.

10. Achtung: Konfliktfalle E-Mail

So wie eine kleine Blase an der Ferse beim Bergwandern anfangs nur ein kleines Ärgernis ist, so kann diese die ganze Wanderung erschweren. Oft sind es ganz triviale oder alltägliche Situationen, die einen „Konflikt" auslösen. Häufig tappen wir in diese Konfliktfallen einfach aus Zeitdruck, aus Unachtsamkeit oder weil unsere Emotionen unser Handeln beeinflussen.

Sie setzen sich hin, wollen es der anderen Person mal so richtig zeigen und antworten sofort aus dem Ärger heraus.

Am besten ignorieren Sie das E-Mail und schlafen, wenn möglich, eine Nacht darüber. Wenn dies nicht möglich ist, greifen Sie zum Telefonhörer oder suchen Sie das persönliche Gespräch.

Falls Sie doch per E-Mail antworten wollen, schreiben Sie betont sachlich und lassen Sie es von einer weiteren Person gegenlesen.

Sie schreiben ein weiteres Mal an die säumige Person und erweitern den Verteiler, indem Sie Ihren und dessen Vorgesetzte in Cc setzen.

Greifen Sie zum Telefonhörer oder suchen Sie das persönliche Gespräch. Dadurch wird die Verbindlichkeit Ihnen gegenüber deutlich erhöht. Kontrollieren Sie, ob Ihr E-Mail klar und deutlich einen Abgabe-Termin enthält oder ob Sie zu vage formuliert haben.

Emotionen wirken

Konfliktfalle 3 – Interne E-Mails werden nach extern weitergeleitet.

Sie haben auf eine Kundenanfrage hin intern Informationen eingeholt. Dazu ist Ihr E-Mail ein paar Mal intern hin und hergegangen oder weitergeleitet worden. Froh, alle Informationen nun zu haben, leiten Sie dieses E-Mail an Ihren Kunden weiter – OHNE die interne Konversation zu löschen.

E-Mails an externe Personen sind immer als neue E-Mails anzulegen. Kopieren Sie den Text aus einem internen E-Mail und fügen diesen in das neue E-Mail ein. Kontrollieren Sie, ob die Information auch für den Kunden verständlich ist oder ob sie interne Abkürzungen oder Fachbegriffe enthält.

Konfliktfalle 4 – Sie schicken ein Dokument nach extern, ohne es zu pdfen.

Sie schicken einem Interessenten ein Angebot oder eine Kalkulation. Sie verwenden dazu ein Textverarbeitungsprogramm und schicken das Dokument sofort los. Der Interessent kann das Dokument nicht öffnen, da sein Anti-Viren-Programm dies nicht zulässt. Außerdem hinterlässt diese Vorgehensweise einen unprofessionellen Eindruck und der potenzielle Kunde kauft woanders.

E-Mails an externe Personen schicken Sie immer als pdf-Dokument.
Es ist für den anderen leichter lesbar, kann besser ausgedruckt werden, es ist sicherer und die Inhalte können nicht verändert werden.

Konfliktfalle 5 – Sie fügen eine Tabelle direkt in ein E-Mail ein.

Sie schicken an Ihren Kunden eine wichtige Information. Damit diese übersichtlicher ist, schreiben Sie diese in eine Tabelle direkt ins E-Mail. Ihr Kunde hat auf Nur-Text-Empfang gestellt und bei ihm kommt Ihre Formatierung als unübersichtlicher Datenhaufen an.

Beachten Sie bei Formatierungen direkt in Ihrem E-Mail, dass nicht alle Personen oder Unternehmen E-Mails als HTML-Dokumente empfangen.
Bei Nur-Text-Empfang wird Ihre Information unlesbar und wirkt damit unprofessionell. Tabellen schicken Sie am besten immer als pdf-Dokument.

Konfliktfalle 6 – Sie sind Vorgesetzter und schreiben Ihrem Mitarbeiter verärgert ein E-Mail.

Einer Ihrer Mitarbeiter erledigt seine Aufgabe nicht in Ihrem Sinn. Es platzt Ihnen der Kragen und Sie schreiben ihm Ihre Unzufriedenheit in knappen Worten per E-Mail. Damit es wirklich verstanden wird – in GROSSBUCHSTABEN.

Es gibt einige Situationen, für die ein E-Mail NICHT der richtige Kommunikationskanal ist. Kritikgespräche gehören absolut dazu. Suchen Sie das persönliche Gespräch mit Ihren Mitarbeitern.

Konfliktfalle 7 – E-Mail ohne Signatur.

Sie haben von einem Interessenten eine Anfrage erhalten. Sie freuen sich und antworten gleich – vom allgemeinen Posteingang aus (*service@ firmenname.at*).
In der Eile vergessen Sie die Signatur einzufügen. Der Kunde hat nun zwar die Information, jedoch keine Kontaktdaten und keine konkrete Ansprechperson.

Achten Sie bei externen E-Mails darauf, Ihre Signatur mitzusenden.
Das wirkt vertrauenswürdig und erleichtert es, mit Ihnen Kontakt aufzunehmen.

Emotionen wirken

Konfliktfalle 8 – Achten Sie genau darauf, wen Sie im An-Feld stehen haben, bevor Sie ein E-Mail losschicken.

Ihr E-Mail-Programm schlägt Ihnen Namen vor, wenn Sie ein paar Buchstaben ins An-Feld tippen. Sie haben wenig Zeit und kontrollieren nicht genau, an welchen Harald Sie das vertrauliche E-Mail schreiben – und prompt, ist es der falsche.

Achten Sie bei jedem E-Mail darauf, dass im An-Feld auch tatsächlich die Personen stehen, die das E-Mail erhalten sollen. Gerade wenn es um interne oder vertrauliche Informationen geht.

Konfliktfalle 9 – Sie nehmen ein altes E-Mail her, weil Sie die Empfänger-E-Mail-Adresse nicht unter Ihren Kontaktdaten haben.

Sie öffnen das alte E-Mail und gehen auf „Antworten", um Zeit zu sparen. Sie schreiben nun den neuen Text und schicken es ab – OHNE den Betreff geändert zu haben. Das führt zu Verwirrung bei der anderen Person.

Schreiben Sie neue E-Mails immer in ein neues und leeres E-Mail-Dokument. Kopieren Sie die Adresse und fügen Sie diese ins An-Feld ein. Schreiben Sie einen passenden Betreff.
Falls Sie ein altes E-Mail als Basis nehmen, löschen Sie als Erstes die alten Inhalte raus und korrigieren den Betreff. Genau betrachtet, ist es zeitsparender, ein neues E-Mail zu beginnen.

Sie kennen sicher auch noch weitere Situationen, in denen ein E-Mail zu unnötiger Mehrarbeit, zu Wartezeiten, zu Missverständnissen, einem Ärgernis oder infolge sogar zu einem Konflikt geführt hat. Wenn Sie noch weitere Konfliktfallen kennen, freuen wir uns, wenn Sie diese Situationen mit uns teilen. Schreiben Sie einfach an: *feedback@ankh.at*

11. Jetzt bloß kein E-Mail schreiben

Schreiben Sie lieber E-Mails oder greifen Sie zum Telefon und klären Inhalte direkt und im Dialog? Überlegen Sie, was tun Sie denn lieber?

Aus dem E-Mail-Alltag: Es gibt Menschen, die ihre Kommunikation an das E-Mail auslagern, ob Termine zu vereinbaren sind, Inhalte abzuklären oder auch Probleme zu besprechen und Lösungen zu finden sind. Sie empfinden das Telefon als Störung im Arbeitsablauf und schätzen die Vorteile des E-Mails: Sie bestimmen damit selbst, wann sie antworten und können ihre Arbeit unabhängig von der Erreichbarkeit der anderen erledigen.

Wieder andere greifen lieber zum Telefon und klären alle Themen soweit möglich telefonisch oder persönlich. Wenn die andere Person erreichbar ist, ist das oft der kürzere und effektivere Weg.

Unabhängig davon, was wir bevorzugen, haben wir es manchmal eilig, erreichen die andere Person nicht oder schreiben zu einer Zeit, wo wir den anderen nicht mehr erreichen oder ihn nicht stören möchten.

Gerade bei schwierigen Gesprächen oder Themen weichen viele Menschen auf das E-Mail aus. Einerseits um die Konfrontation zu vermeiden, andererseits oft auch, um das Ganze zu dokumentieren.

Wenn wir wissen, dass die andere Person lieber E-Mails liest und schreibt, dann schreiben wir im Sinne der guten Beziehungsebene auch ein E-Mail. Wenn jemand lieber einen Dialog führt, greifen wir zum Telefon oder gehen ins Nebenzimmer.

Aus dem E-Mail-Alltag: Bei unseren Gesprächen mit Vorgesetzten oder unseren Auftraggebern bekommen wir sehr

Emotionen wirken

häufig folgenden Auftrag: „Sagen Sie unseren Mitarbeitern, dass sie bei Konflikten miteinander reden sollen und nicht hin und her mailen und mich dann zusätzlich noch in CC setzen sollen. Sie sollen sich einfach umdrehen, mit dem Kollegen am Nebentisch reden oder ins Nachbarzimmer gehen."

Falls Sie sich nicht sicher sein sollten, wann Sie ein E-Mail schreiben oder doch besser miteinander sprechen sollten, schauen Sie einfach in der Tabelle nach.

Wie ist Ihre Stimmung? Sind Sie ruhig oder aufgewühlt, emotional betroffen, vielleicht sogar ärgerlich?	Ruhig	Schreiben Sie Ihr E-Mail.
	Emotional betroffen oder aufgewühlt	Suchen Sie das persönliche Gespräch oder telefonieren Sie.
Wie bekannt ist das Thema? Wie oft haben Sie mit dem anderen bereits über die Sache gesprochen? Kennt Ihr Gegenüber Ihre Meinung und Gefühle dazu?	Mehrmals besprochen und die Meinung ist bekannt.	Schreiben Sie Ihr E-Mail.
	Noch nicht besprochen und Meinung nicht bekannt.	Suchen Sie das persönliche-Gespräch oder telefonieren Sie.
Persönliches Gespräch ist vorzuziehen: Es gibt Situationen, da ist es einfach besser, ein persönliches Gespräch zu suchen oder miteinander zu telefonieren. Egal, wie Ihre Stimmung ist.	Sie möchten oder müssen Kritik am Verhalten des Anderen äußern.	
	Das Thema erfordert einen Dialog, intensiven Austausch oder eine Diskussion.	
	Sie möchten rasch einen Termin vereinbaren.	

Doch wie beginnen wir ein Gespräch, wenn es im E-Mail schon deutlich ist, dass der andere verärgert ist? Ein paar hilfreiche Überlegungen dazu: Es ist meist schon etwas Zeit zwischen dem Schreiben des E-Mails vergangen, dadurch konnte die Emotion etwas abkühlen (Backofen-Effekt). Die andere Person wurde in der Zwischenzeit sicher auch von anderen Personen und Themen abgelenkt. Wenn wir uns aktiv melden, zeigen wir Stärke, Engagement und Interesse und haben die Gesprächsführung in der Hand. Wir können uns inhaltlich auf das Gespräch vorbereiten und haben oftmals das Überraschungsmoment auf unserer Seite.

Ein möglicher guter Einstieg in ein Gespräch ist: „Ich habe den Eindruck, dass es zu einem Missverständnis oder einer Unstimmigkeit zwischen uns gekommen ist. Ich möchte darüber mit Ihnen/dir reden, geht das gerade im Moment?" Wenn wir so offen das Gespräch einleiten, ist der andere meistens auch bereit, mit uns den Konflikt zu klären.

Zusammenfassung – Emotionen wirken

Spiegelneuronen sind das Resonanzsystem des Gehirns, das uns Gefühle und Stimmungen anderer Menschen erkennen lässt. Wenn wir verärgert ein E-Mail schreiben, wird der Leser diese Emotionen zwischen den Zeilen lesen und selbst verärgert reagieren.

» Die „Lächel-Studien" belegen, dass man sich mit bewusstem Lächeln weniger gestresst fühlt, Stress schneller abbaut und seine Umwelt freundlicher wahrnimmt. Mit einem Lächeln im Gesicht verfassen Sie freundlichere E-Mails.

» Der Backofen-Effekt beschreibt die Zeit, die es braucht, bis unsere Emotionen abkühlen. Wenn wir uns ärgern, lesen wir ein E-Mail durch die „Ärger-Brille" gefärbt.

» Achten Sie darauf, dass Sie selbst nicht verärgert oder genervt ein E-Mail beantworten oder schreiben. „Kühlen" Sie sich erst einmal ab oder schlafen Sie eine Nacht darüber, so wird die Emotion zur Information.

» Wir verknüpfen mit Worten bestimmte Erfahrungen und Emotionen. Worte beeinflussen, was wir wahrnehmen, wie wir denken und handeln.

» Sprache kann Verhalten ändern: Verwenden Sie „und" statt „aber" und „Ich will" statt „Ich muss". Denken Sie an die Macht des Wortes „weil".

» Bei E-Mails wirkt das Eisberg-Modell der Kommunikation. Die Sachebene der Kommunikation macht dabei nur 20 Prozent aus, während die restlichen 80 Prozent auf die Beziehungs- und Emotionsebene fallen. Es fehlen uns mit Mimik, Körpersprache, Gestik und Stimme wichtige

Kommunikationskanäle. Das ist eine der Haupt-
ursachen für Konflikte.

» Suchen Sie das persönliche Gespräch oder ein
Telefongespräch, wenn es die Situation erleichtert oder verlangt.

II. Schreib mir ein E-Mail und ich sag dir, wer du bist

Harald und Margit treffen sich beim Kopierer am Gang. „Stell dir vor, ich habe vom Müller aus der Produktion ein E-Mail bekommen. Ich soll ihm die neue Produktspezifikation schicken", erzählt Harald. „Ja, und?", fragt Margit. „Ich bin doch nicht der Laufbursche vom Müller. Das Mindeste, was man sich erwarten kann, wäre doch wohl ein ‚Bitte' und ‚Danke', oder? In dem Kommandoton braucht mir der nicht zu kommen. Wir sind hier ja nicht am Kasernenhof", regt sich Harald auf. „Na ja, feinfühlig war der Müller ja noch nie", versucht Margit Harald zu beruhigen.

Dass Menschen in Situationen unterschiedlich reagieren, ist Ihnen sicher nicht neu. Dabei kommt es nicht nur auf die Stimmung an, in der wir uns gerade befinden, sondern auch auf unsere Persönlichkeit. Vielleicht kennen Sie das Gefühl, im Gespräch von jemandem nicht verstanden zu werden – man spricht buchstäblich aneinander vorbei. Menschen mit ähnlichen Interessen und Ansichten, ähnlichem Verhalten und ähnlicher Wortwahl, verstehen sich leichter und besser als Menschen, die vom Typ her ganz unterschiedlich sind.

Gerade in der Kommunikation kann es hilfreich sein, das Gegenüber richtig einzuschätzen, um den anderen so anzusprechen, dass man einander verstehen und treffsicher kommunizieren kann. Techniker sprechen untereinander eine andere Sprache als von Techniker zu Anwender. Bei einem älteren Menschen verwenden wir eine andere Wortwahl als bei einem Gespräch mit der jüngeren Generation.

Wir arbeiten in unseren Seminaren gerne mit dem *Mimikresonanz®-Profiling-Modell*[10] von Dirk W. Eilert. Damit können wir unsere Kommunikationspartner besser einschätzen. Dieses Modell konzentriert sich auf zwei Persönlichkeitspräferenzen, damit wir uns schnell orientieren können: eine Vorliebe, wie wir handeln, und eine Vorliebe, wie wir unsere Umwelt wahrnehmen.

Stellen Sie sich einen langen Tisch mit einem Buffet vor: an einem Ende finden sich die Süßigkeiten, am anderen Ende Pikantes und Salziges. Die wenigsten von uns essen nur süß oder nur pikant. Wir alle haben jedoch eine Präferenz, was wir generell lieber mögen. So verhält es sich auch mit den Vorlieben.

Stellen Sie sich nun zwei Achsen vor, die einander kreuzen: auf der einen Achse geht es darum, wie wir handeln. Das bedeutet, dass jemand entweder eher gerne die Initiative ergreift, also proaktiv handelt – oder lieber zuerst beobachtet und dann reagiert, also reaktiv ist. Bleiben wir beim Buffet: Sie kennen sicher diejenigen, die gleich losstürmen, sobald das Buffet eröffnet ist, andere warten lieber ab und beobachten den ersten Ansturm.

Auf der zweiten Achse geht es darum, wie wir unsere Umwelt wahrnehmen. Sind uns Menschen mit ihren Gefühlen und Beziehungen wichtig, sind wir eher personenbezogen. Dann kommen wir beim Buffet leichter mit den anderen Wartenden ins Gespräch, plaudern häufiger über die Veranstaltung oder das geschmackvolle Buffet.

Konzentrieren wir uns eher auf Objekte, auf Aufgaben und Ideen, sind wir eher objektbezogen. Wir verschaffen uns lieber ganz schnell einen Überblick, wo das Besteck, die Vorspeisen oder unsere Lieblingsgerichte zu finden sind, wir fühlen uns gestört, wenn wir beim Warten angeplaudert werden.

Durch diese zwei Persönlichkeitspräferenzen, die auf zwei Achsen dargestellt werden, ergeben sich vier Felder – unsere Persönlichkeits-Aspekte mit ihren Grundausprägungen.

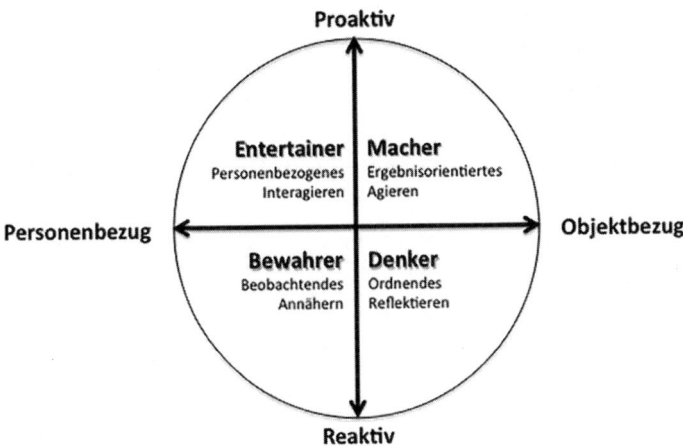

Abb. 2: Mimikresonanz®-Persönlichkeits-Modell
nach Dirk W. Eilert, Mimikresonanz 2013

Jeder von uns hat einen Anteil *Macher, Denker, Bewahrer* und *Entertainer* in sich, jedoch unterschiedlich stark ausgeprägt.

Sind Sie neugierig geworden, wie stark ausgeprägt Ihre unterschiedlichen Anteile sind? Sie haben mit dem Kurztest des Mimikresonanz®-Profiling-Modells die Möglichkeit, herauszufinden, wo Ihre Vorlieben liegen.

Bevor Sie weiterlesen, beantworten Sie die Fragen des Tests. So sind Sie unvoreingenommen und beantworten spontan die im Test gestellten Fragen. Dieser Kurztest gibt Ihnen einen raschen Überblick über Ihre bevorzugten Präferenzen und ist trotz seiner Kürze sehr aufschlussreich.

Sie arbeiten regelmäßig und viel mit bestimmten Personen zusammen? Dann bietet es sich an, diesen Test auch über eine andere Person zu machen und diese dadurch besser einzuschätzen. Wenn Sie besser wissen, welche Persönlichkeitsaspekte jemand hat, können Sie treffsicherer kommunizieren.

Dafür steht Ihnen der Fragebogen zusätzlich auf der Homepage *www.konfliktfalle-e-mail.at* als Download zur Verfügung: Sie finden einen Kurztest für Ihre Selbsteinschätzung und einen Kurztest für das Einschätzen anderer Personen.

12. Welcher Persönlichkeitstyp sind Sie?

Kreuzen Sie bitte jeweils die zutreffende Antwort an.

	Ich …	Trifft zu	Trifft nicht zu
1	… warte eher darauf, dass andere die Initiative ergreifen, statt selbst aktiv zu werden	☐	☒
2	… beschäftige mich lieber mit Ideen und Aufgaben statt mit Gefühlen und Menschen	☐	☒
3	… wirke eher zurückhaltend als gesellig	☐	☒
4	… zeige mich eher einfühlsam als analytisch	☒	☐
5	… wirke eher zugewandt als nach innen gekehrt	☒	☐

Ich ...	Trifft zu	Trifft nicht zu
6 ... respektiere eher Menschen, die kompetent wirken, als Menschen, die sich freundlich zeigen	☐	☒
7 ...wirke eher anpackend als- abwartend	☒	☐
8 ... wirke eher angepasst als- durchsetzungsstark	☐	☒
9 ... würde eine günstige Gelegenheit sofort nutzen, statt erst einmal dar- über nachzudenken	☒	☐
10 ... agiere eher frei heraus als- diplomatisch	☐	☒
11 ... knüpfe eher schnell neue Kontak- te, als die Ruhe allein oder zu zweit zu genießen	☐	☒
12 ... zeige mich eher kompromissbereit als rechthaberisch	☒	☐
13 ... warte eher ab, bis eine Situation reif ist, statt von mir aus aktiv zu werden	☐	☒
14 ... wirke eher gefühlsbetont als- faktenbezogen	☒	☐

So bestimmen Sie den dominierenden Persönlichkeitstyp.

■ *1. Schritt: Punkteanzahl berechnen*
Errechnen Sie die Punktezahl und tragen Sie diese bitte in die untenstehende Tabelle ein.
Proaktiv: Jeweils ein Punkt
» für jedes „Trifft zu" bei den Fragen 5, 7, 9, 11
» für jedes „Trifft nicht zu" bei den Fragen 1, 3, 13

Reaktiv: Jeweils ein Punkt
» für jedes „Trifft zu" bei den Fragen 1, 3, 13
» für jedes „Trifft nicht zu" bei den Fragen 5, 7, 9, 11
Objektbezogen: Jeweils ein Punkt
» für jedes „Trifft zu" bei den Fragen 2, 6, 10
» für jedes „Trifft nicht zu" bei den Fragen 4, 8, 12, 14
Personenbezogen: Jeweils ein Punkt
» für jedes „Trifft zu" bei den Fragen 4, 8, 12, 14
» für jedes „Trifft nicht zu" bei den Fragen 2, 6, 10

Persönlichkeitspräferenz	Ausprägung (max. 7)
Proaktiv	
Reaktiv	
Objektbezogen	
Personenbezogen	

■ *2. Schritt: Punkteanzahl in die Grafik übertragen*
Markieren Sie jetzt bitte Ihre Punkteanzahl an der jeweiligen Achse und verbinden Sie anschließend die Punkte. Es ergibt sich daraus eine Form mit vier Eckpunkten. Die jeweilige Flächengröße in den vier Feldern zeigt Ihnen, wie stark dieses Feld Ihre Persönlichkeit beeinflusst. Ein Beispiel für einen Menschen mit hohen Entertainer– und Bewahrer-Anteil sehen Sie gleich hier.

Schreib mir ein E-Mail und ich sag dir, wer du bist

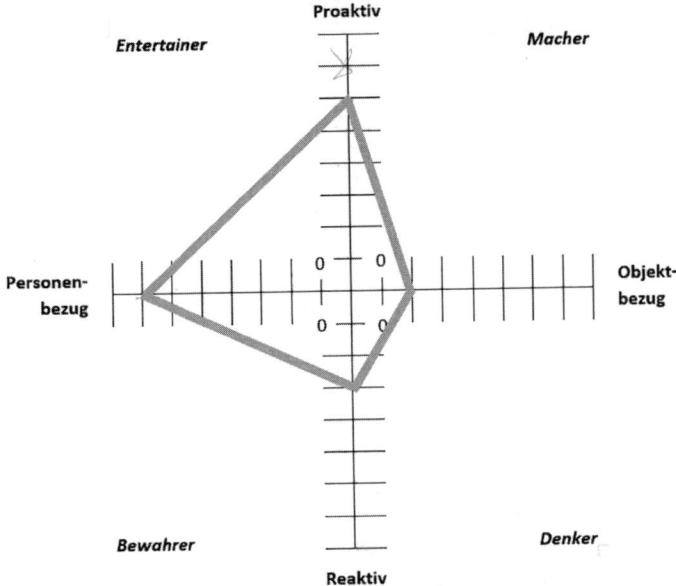

Abb. 3: Beispiel – Matrix zum Mimikresonanz®-Persönlichkeits-Modell nach Dirk W. Eilert, Mimikresonanz 2013

Tragen Sie bitte auf der nächsten Seite Ihre Ergebnisse auf den Achsen ein.

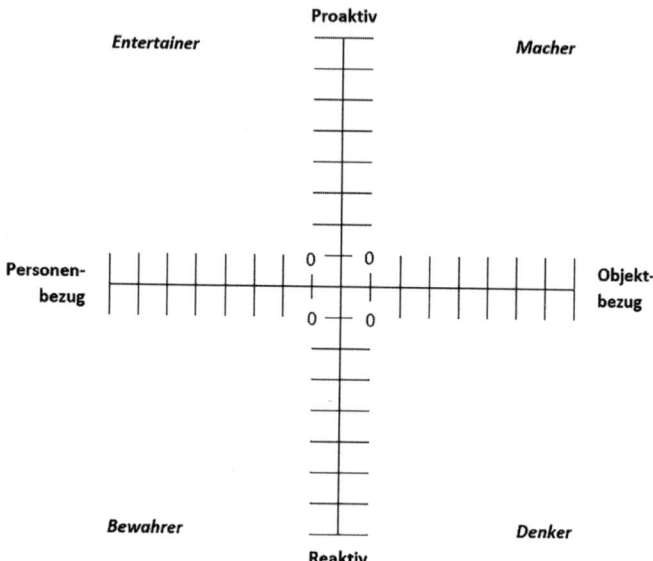

Abb. 4: Matrix zum Mimikresonanz®-Persönlichkeits-
Modell nach Dirk W. Eilert, Mimikresonanz 2013

Sie wissen nun, welche Anteile bei Ihnen wie stark ausgeprägt sind.

Wie kommunizieren nun ein Macher, ein Denker, ein Bewahrer und ein Entertainer? Worauf sollten Sie achten, wenn
Sie mit einem dieser Typen per E-Mail kommunizieren?

Schreib mir ein E-Mail und ich sag dir, wer du bist

13. Wer tickt wie? Und wie erkennen wir das?

Sie finden hier zuerst einen kurzen Überblick über die vier Persönlichkeitsanteile. So können Sie sich rasch ein Bild machen. Vielleicht erkennen Sie ja den einen oder anderen Kollegen oder Kunden, der einen Persönlichkeitsanteil besonders stark ausgeprägt hat.

Der Macher

Der Macher ist proaktiv, extrovertiert und objektbezogen. Macher treffen gerne Entscheidungen, sind fordernd, kämpfen für ihre Ziele und sind entschlussfreudig. Machern fällt es schwer, ihre Gefühle zu kommunizieren und sie wirken daher sehr sachlich. Sie sprechen jedoch Ärger und Kritik offen an. Da sie das sehr direkt tun, wirken sie oft verletzend auf ihr Gegenüber. Da sich Macher stark an der zu erledigenden Aufgabe orientieren, wirken sie oft ungeduldig, kühl oder sogar schroff und werden für arrogant gehalten. Sie sind wenig mitfühlend mit ihrem Gegenüber, jedoch anspruchsvoll und kritisch, wenn es um die Aufgabe geht. Das Grundbedürfnis des Machers ist Zielorientierung und Kontrolle.

Der Denker

Der Denker ist reaktiv, introvertiert und objektbezogen. Menschen dieses Persönlichkeitstyps sind diszipliniert, zuverlässig und vorsichtig. Sie überlassen die Initiative gerne anderen und mögen keine Überraschungen. Denker wägen Entscheidungen genau ab und brauchen dafür ausreichend Zahlen, Daten und Fakten. Denker sind sehr strukturiert, ordentlich und zeichnen sich durch ein hohes Maß an Ge-

nauigkeit und Detailwissen aus. Sie haben eine gut struktu-
rierte Ablage und löschen E-Mails auf keinen Fall. Sie wahren eine gewisse Distanz, sind dabei jedoch stets sehr höflich. Der Denker schätzt Ordnung, Logik, Sicherheit und
Qualität.

Der Bewahrer

*Der Bewahrer ist reaktiv, introvertiert und personen-
bezogen.* Sie sind einfühlsame und beständige Menschen,
für die Treue und Loyalität elementare Werte sind. Bewahrer
gehen Konflikten gerne aus dem Weg und haben ein starkes
Bedürfnis nach Routine. Die größte Stärke des Bewahrers ist
sein Einfühlungsvermögen. Bewahrer sind geduldige Menschen, die rücksichtsvoll und hilfsbereit ihre Mitmenschen
unterstützen. Veränderungen steht der Bewahrer skeptisch
gegenüber. Dafür erledigen sie bekannte Tätigkeiten effizient
und beständig. Bewahrer haben ein großes Bedürfnis nach
Anerkennung, Harmonie und Sicherheit. Sie haben großes
Interesse am Gegenüber und schätzen es auch sehr, wenn
dieses erwidert wird. Wird ihre Arbeit nicht regelmäßig
wertgeschätzt oder sollen sie diese unter Druck ausführen,
sinkt die Motivation.

Der Entertainer

*Der Entertainer ist proaktiv, extrovertiert und personenbe-
zogen.* Er ist gesellig und braucht viel Anerkennung. Pünkt-
lichkeit und Zuverlässigkeit gehören nicht zu seinen Stärken.
Dafür sprüht der Entertainer vor guter Laune und verbreitet unerschütterlichen Optimismus. Der Entertainer spru-
delt nur so vor Ideen und inspiriert andere, er ist einfalls-
reich und liebt die Abwechslung – dadurch wirkt er oftmals

sprunghaft. Er ist nicht der beste Zeitmanager, überschätzt oft optimistisch die eigene Leistungsmöglichkeit oder unterschätzt die Dauer von Aufgaben. Da er keine eintönigen Arbeiten mag, lässt er sich leicht ablenken. Er ist ein kreativer Schreiber und liebt Wortspiele. Er trifft oft Entscheidungen, obwohl noch nicht alle Informationen da sind oder er diese noch nicht kennt. Er knüpft gerne Kontakte und schafft es, sehr rasch eine gute Beziehungsebene herzustellen.

14. Wer schreibt wie? Woran erkennen wir die verschiedenen Typen?

Unser vorherrschender Persönlichkeits-Anteil zeigt sich in der Art, wie wir schreiben, welche Worte und Formulierungen wir verwenden bis hin zum Layout unserer E-Mails.

Der Macher – schnell und sachlich

Macher halten sich gerne kurz und bündig. Lange, umständliche E-Mails, ausschmückende Erklärungen und blumige Formulierungen sind ihnen zuwider, genauso wie Routinearbeiten. Da Macher auf die Aufgabe konzentriert sind, übersehen sie manchmal, dass sie mit Menschen kommunizieren, wodurch ihre Formulierungen hart und unfreundlich wirken können. Ihre sachliche, knappe und auf das absolut Notwendige reduzierte Schreibweise – liebevoll auch Kommandoton genannt – weckt oft mehr Widerstand und Unwillen als ihnen lieb oder auch nur bewusst ist.

- ■ An folgenden Worten oder Formulierungen erkennen wir den Macher:
  - » Macher sind ziel- und handlungsorientiert, deshalb verwenden sie Begriffe wie rasch, schnell, sofort,

direkt, das Wesentliche, Ziel, Ergebnis, Lösung, lösen.

» Da sie entscheidungsfreudig sind und vor allem auch selbst entscheiden möchten, setzen sie Wörter ein wie bewerten, beurteilen, bestimmen, handeln, fordern, Entscheidung, Entschluss, Verantwortung, Überblick.

» Menschen sind für den Macher weniger interessant als die Aufgaben, die zu erfüllen sind. Das zeigt sich in der Wahl der Worte wie sachlich, bestimmt, pragmatisch, zeitsparend, Leistung, Thema, auf den Punkt gebracht, Zusammenfassung.

» Macher schreiben aktive Sätze, kurze Sätze mit klaren Aufforderungen mit vielen Tun-Wörtern.

■ Davon sind Macher genervt:

» Weichmachende Formulierungen, auch Weichspüler genannt, nerven den Macher, das sie nicht notwendig sind: vielleicht, eigentlich, an und für sich, wahrscheinlich, eventuell, relativ, unter Umständen, mal sehen.

» Konjunktive machen ihn ungeduldig, er stellt sich innerlich die Frage; „Was will der jetzt?" Besser ist es, die Konjunktive wegzulassen: könnte, sollte, hätte, wäre, würde, müsste, dürfte.

» Ebenso ist es mit den unbestimmten Zeitangaben: bald, circa, in etwa, umgehend, so bald wie möglich. Hier fehlen die Klarheit und Verbindlichkeit, die der Macher schätzt.

» Der Macher verwendet diese Formulierung zwar selbst gerne, liest sie jedoch nicht so gerne, da sie ihn einschränkt: „Sie müssen!"

■ Worauf Sie achten sollten, wenn Sie einem Macher ein E-Mail schreiben:

» Wenn Sie mit einem Macher kommunizieren, halten Sie sich kurz und geben Sie einen Überblick.

Sprechen Sie rasch die anstehende Aufgabe an und verschwenden Sie nicht seine Zeit mit Nebensächlichkeiten oder Geplauder. Macher wollen Dinge gerne schnell erledigen. Je klarer Sie sagen, was Sie vom Macher brauchen, desto rascher wird er die Aufgabe erledigen. Am besten schreiben Sie für jede Aufgabe ein kurzes und prägnantes E-Mail, so erhalten Sie rasch Antwort.

» Schreiben Sie genau, was Sie vom Macher brauchen, formulieren Sie klare Ziele oder Aufgaben. Macher mögen klare Deadlines und schaffen auch kurzfristige Herausforderungen. Achten Sie darauf, dass der Betreff auf jeden Fall zum Inhalt passt. Für Macher reicht es oft, wenn die Information nur im Betreff steht.

Ein E-Mail eines typischen Machers liest sich so:

Betreff: Meeting Verkaufszahlen Q1
Hallo Alle,
unsere Verkaufszahlen für Q1 müssen noch deutlich gesteigert werden.
Meeting dazu am Montag, 10:00 Uhr, Besprechungsraum.
Erwarte, dass alle mindestens 3 Ideen mitbringen, um Strategie zu erarbeiten und sofort umsetzen zu können.
LG

Der Denker – strukturiert und ordentlich

Der Denker ist strukturiert und ordentlich. Da er bei seinen E-Mails alles bedenkt, die verschiedenen Aspekte, Hintergründe und Sichtweisen abwägt und einbringt, sind seine E-Mails jedoch oftmals lange, unübersichtlich und schwer zu lesen und zu verstehen. Er schreibt lange und verschachtelte Sätze mit vielen wenn – dann, einerseits – andererseits und tut sich schwer, auf den Punkt zu kommen. Er weiß viel und neigt dazu, zu viele Details und Informationen zu geben, da er Zusammenhänge gewissenhaft darstellen möchte. Dadurch kommt er vom sprichwörtlich Hundertsten ins Tausendste. Der Denker beschäftigt sich intensiv mit dem Problem, analysiert dieses, betrachtet es von allen Seiten, sammelt Informationen dazu und trifft danach eine Entscheidung. Der Denker möchte E-Mails komplett beantworten oder bearbeiten und braucht dafür entsprechend lange Zeit.

■ An folgenden Worten oder Formulierungen erkennen wir den Denker:

» Denker sind detailorientiert, deshalb mögen sie Wörter, die das abbilden: genau, präzise, geordnet, strukturiert, explizit, detailliert, gewissenhaft, gründlich, Punkt für Punkt, Schritt für Schritt, Detail, Ordnung, Logik.

» Der hohe Sach- und Aufgabenbezug lässt ihn folgende Formulierungen verwenden: analytisch, objektiv, planmäßig, hundertprozentig, sachlich, Zahlen, Daten, Fakten, Studien.

» Da dem Denker Konventionen und Höflichkeit sehr wichtig sind, mag er auch gerne den einen oder anderen Höflichkeits-Konjunktiv. Dazu gehören Worte wie könnte, sollte, hätte, wäre, würde, müsste, dürfte.

» Den reaktiven Aspekt erkennt man beim Denker sehr schön an seinem Satzbau. Er formuliert eher passive Sätze: „Es wird erwartet, dass ...“. „Die Aufgabe ist bis zum ... zu erledigen.“ „Die vereinbarten Qualitätskriterien aus dem letzten Meeting besagen, dass ...“

■ Davon sind Denker irritiert:

» So wie der Macher mag der Denker keine Füllwörter. Der Hintergrund ist jedoch ein anderer. Denker sind analytisch, sachlich, objektiv – da haben Füllwörter und unbestimmte Zeitangaben nichts zu suchen. Vermeiden Sie deshalb Worte wie: vielleicht, eigentlich, wahrscheinlich, eventuell, unter Umständen.

» Da der Denker Zeit und Ruhe für seine Analysen und Entscheidungen braucht, stressen Wörter wie: rasch, umgehend, sofort, so bald wie möglich.

» Irritierend für den sachlichen und genauen Denker sind ungenaue Angaben wie: mal sehen, ich weiß nicht genau, bald, circa, in etwa, schätzen, glauben, überschlagsmäßig, ungefähr, versuchen, probieren.

■ Worauf Sie achten sollten, wenn Sie einem Denker ein E-Mail schreiben:

» Schreiben Sie unbedingt in einem korrekten und höflichen Stil, achten Sie auf Titel, Anrede und Verabschiedung – und auf korrekte Grammatik und Rechtschreibung.

» Da Denker sich gerne im Detail verlieren, geben Sie einen Überblick über das Ziel und wie die gewünschte Aufgabe im großen Ganzen zu sehen ist.

» Achten Sie auf Übersichtlichkeit und klare Struktur in Ihrem E-Mail. Arbeiten Sie mit Aufzählungen oder Punktationen. Wenn Sie von einem Denker eine Entscheidung brauchen, liefern Sie ihm unbedingt die notwendigen Zahlen, Daten und Fakten, damit er diese Entscheidung fällen kann. Achten Sie darauf, Deadlines mit einem ausreichenden Zeitpuffer zu versehen, denn der Denker möchte die Antwort oder Entscheidung ausreichend prüfen und bewerten. Halten Sie keine Informationen zurück, dann kann er leichter Entscheidungen treffen. Formulieren Sie höflich und taktvoll, denn zu joviale, flapsige oder freundschaftliche Ansprachen empfindet der Denker als distanzlos und wird entsprechend reserviert reagieren.

Ein E-Mail eines typischen Denkers liest sich so:

> Betreff: Meeting zur Steigerung der Verkaufszahlen Quartal 1 2017
> Liebe Kolleginnen,
> liebe Kollegen,
> wir beraumen zur Steigerung der Verkaufszahlen in Quartal 1 2017 ein Sondermeeting ein.
> Es findet am Montag, von 10:00 bis 12:00 Uhr im Besprechungsraum, 4. Stock, statt.
> Im Anhang gibt es die Agenda und die To-dos, die bis dahin zu erledigen sind.
> Mit freundlichen Grüßen

Der Bewahrer – freundlich und wertschätzend

Dem Bewahrer sind Harmonie und Wertschätzung sehr wichtig. Das beachtet er auch bei jedem E-Mail, das er schreibt. Da er niemandem zu nahetreten möchte, tendiert er dazu, vorsichtig, abwartend und unklar zu kommunizieren. Vor lauter Freundlichkeit verliert er manchmal sogar das Thema aus den Augen. Es fällt ihm wirklich sehr schwer, Unangenehmes in einem E-Mail zu formulieren und auf den Punkt zu bringen. Bewahrer bauen langsam eine Beziehung zu anderen Menschen auf, achten sehr auf Grenzen und das Nähe- und Distanzverhältnis. Sie sind irritiert, wenn dieses plötzlich verändert wird oder nicht geachtet wird.

■ An folgenden Worten oder Formulierungen erkennen wir den Bewahrer:

» Der Bewahrer achtet sehr auf eine harmonische Beziehung und mag deshalb Formulierungen, die

Schreib mir ein E-Mail und ich sag dir, wer du bist

er als höflich und wertschätzend empfindet: höflich, entgegenkommen, herzlich, gerne, rücksichtsvoll, liebenswürdig, zuvorkommend, behilflich, kollegial, dankenswerterweise, freuen.

» Mit seiner Personenorientierung verwendet er gerne Wörter wie gemeinsam, miteinander, für Sie, persönlich, kooperativ, zusammen, hilfsbereit, vertrauensvoll.

» Er vermeidet Konflikte und hat oftmals Bedenken, sein Gegenüber zu drängen, zu verletzen oder unter Druck zu setzen. Deshalb fühlt er sich mit folgenden Formulierungen wohl: Bitte und Danke, darf ich, dürfen, kooperieren, ich biete Ihnen an, anbieten, helfen, zusammenarbeiten, anregen, Einladung, Unterstützung.

» Aus Sorge, zu hart, unfreundlich oder dominant zu klingen, verwendet der Bewahrer eher viele Konjunktive, Füllwörter und Weichspüler.

■ Davon sind Bewahrer verletzt:

» Wertschätzendes Miteinander ist auch beim E-Mail-Schreiben oberstes Gebot. Deshalb sind ein falsch geschriebener Name oder fehlende Anrede oder auch eine fehlende Verabschiedung etwas, das den Bewahrer persönlich trifft.

» Für ihn steht die Beziehung im Vordergrund und darum ist ein sofortiger Einstieg in das Thema ohne Einleitung und persönliche Worte kränkend. Dazu gehören auch Texte, die Worte in Großbuchstaben oder nur Kleinbuchstaben oder viele Rufzeichen als Aufforderung enthalten.

» Abkürzungen erscheinen dem Bewahrer oft so, als ob sich der Schreiber für ihn nicht die Zeit nimmt, diese auszuschreiben: ASAP, FYI, UAWG (as soon as possible, For your information, um Antwort wird gebeten). Fremdwörter und englische Ausdrücke, die nicht näher erklärt werden, zählen ebenso dazu.

» Wörter, die ihn aus dem Gleichgewicht bringen können, sind unter anderem: Änderung, Neues, Umgestaltung, Version, Störung, Konflikt, Krise, unvorbereitet, überraschend, sofort, schnell, kurzfristig, umarbeiten, verändern, durchsetzen, improvisiert.

- Worauf Sie achten sollten, wenn Sie einem Bewahrer ein E-Mail schreiben:
  » „Bleiben Sie höflich" ist wohl die wichtigste Regel im Umgang mit einem Bewahrer. Sprechen Sie ihn deshalb unbedingt in der Anrede mit seinem korrekten Namen an. Er schätzt eine persönliche Ansprache und einen positiven ersten Satz im Text. Wenn Sie Interesse an seinem Befinden zeigen und auch ein paar persönliche Zeilen im E-Mail schreiben, haben Sie den Bewahrer für sich eingenommen.
  » Begegnen Sie ihm auf Augenhöhe, niemals von oben herab, verwenden Sie Wörter wie „Bitte" und „Danke". Wenn Sie im Kommandoton mit einem Bewahrer kommunizieren, können Sie nicht auf dessen Mitarbeit zählen. Wenn möglich, sprechen Sie ihm Anerkennung für bisherige Arbeiten aus, dann wird er die nächste Aufgabe freudiger angehen. Wollen Sie Bewahrer für sich einnehmen, schreiben Sie auch einmal ein kurzes Danke-E-Mail.

Ein E-Mail eines typischen Bewahrers liest sich so:

Betreff: Unser Meeting zur Steigerung der Verkaufszahlen Quartal 1
Guten Morgen liebe Kolleginnen,
guten Morgen liebe Kollegen,

Schreib mir ein E-Mail und ich sag dir, wer du bist

wie ihr wahrscheinlich schon gehört habt, sind die Verkaufszahlen derzeit nicht so gut. Wir brauchen daher ein Meeting, um eine gemeinsame Strategie zu entwickeln, wie wir die Verkaufszahlen steigern können.

Es findet am Montag, von 10:00 bis 12:00 Uhr im Besprechungsraum im 4. Stock statt. Für Getränke ist gesorgt.

Es wäre fein, wenn sich jeder von euch ein paar Gedanken macht, wie wir vorgehen können, danke.

Mit ganz lieben Grüßen

Der Entertainer – kreativ und sprunghaft

Dem Entertainer fällt es leicht, seine Ideen in Worte zu fassen. Durch seine Spontaneität schreibt er einfach drauf los, seine Gedankensprünge sind für andere jedoch nicht immer nachvollziehbar. Der Entertainer sprüht vor Ideen und verliert dadurch oftmals den roten Faden. Er hat viele Einfälle und Lösungsvorschläge, womit er andere oft überfordert oder verwirrt.

Er schreibt begeistert und begeisternd, in der Euphorie wirkt der Schreibstil schnell mal zu salopp. Der Entertainer ist nicht der große Planer, jedoch gut im Beginnen von Aufgaben und darin, andere mitzureißen und zu motivieren.

■ An folgenden Worten oder Formulierungen erkennen wir den Entertainer:

» Der Entertainer hat einen frischen, kreativen und sehr persönlichen Schreibstil. Er schafft es, rasch eine positive und aktivierende Stimmung mit seinem E-Mail zu verbreiten. Unterstützt wird das durch seine Wortwahl, die leicht, einfach, kreativ, abwechslungsreich, spannend, spontan, ideenreich, offen, spielerisch und interessant ist. Er wechselt kurze und lange Sätze ab und achtet darauf, wenige Wortwiederholungen zu schreiben.

E-Mail für verschiedene Abteilungen

» Da der Entertainer zielorientiert und extrovertiert ist, zeigt sich das auch in seinen Texten. Er schreibt aktive Sätze mit aktiven und handlungsorientierten Worten: umsetzen, beginnen, anpacken, anfangen, entwickeln, kreieren, schaffen, gestalten, Idee, Anregung, Varianten, Auswahl, Möglichkeit, Vielfalt, Anreiz.

■ Davon werden Entertainer eingeschränkt:

» Da der Entertainer Freiräume schätzt, liebt er es nicht, wenn er punktgenaue Angaben oder Vorgaben ohne Alternativen bekommt. Wenn Sie vom Entertainer fordern, etwas Punkt für Punkt, Schritt für Schritt, genauestens, gründlich, gewissenhaft, hundertprozentig, exakt, sorgfältig zu erledigen, bringen sie ihn dazu, genau das Gegenteil zu machen.

» Auch das Abarbeiten von immer wiederkehrenden Prozessen oder Abläufen ist nicht seine Stärke.

» Sie sollten! Sie müssen! – das weckt seinen kreativen Widerstand!

» Fehlende Anerkennung und Wertschätzung für sein Engagement, seinen Einsatz und Leistung demotivieren ihn und schränken seine Einsatzfreude und Kreativität ein.

» Sein Engagement wird verringert, wenn er folgende Worte liest: pünktlich, erwarten, verlässlich, konsequent, Verpflichtung.

■ Worauf Sie achten sollten, wenn Sie einem Entertainer ein E-Mail schreiben:

» Wenn der Entertainer Fristen einzuhalten hat, geben Sie diese sehr genau vor, planen Sie aber gleich Pufferzeiten ein, da er die Frist wahrscheinlich überziehen wird. Der Entertainer kann wenig mit detaillierten Zahlen und Fakten anfangen.

» Geben Sie ihm lieber einen Rahmen vor, in dem er

Schreib mir ein E-Mail und ich sag dir, wer du bist

die Aufgabe bewältigen soll und überlassen Sie den Rest dem kreativen Kopf.

» Kritik sollten Sie nur dosiert äußern, da der Entertainer damit nur schwer umgehen kann. Ein Tipp, damit Sie vom Entertainer rasch und konkret Antworten bekommen, ist: Am besten schreiben Sie für jede Aufgabe ein kurzes und prägnantes E-Mail. Wenn Sie einen Entertainer für eine Aufgabe begeistern wollen, wecken Sie seine Neugier und sprechen Sie seine Kreativität an. Drücken Sie Ihre Anerkennung für seinen Einsatz, Leistung und Flexibilität aus – das motiviert ihn.

Ein E-Mail eines typischen Entertainers liest sich so:

Betreff: Ankurbeln unserer Verkaufszahlen für Q1
Liebe Alle,
die Verkaufszahlen sind derzeit im Keller. Damit wir wieder mehr verkaufen und mehr Erfolg haben, brauchen wir Ideen und Einfälle, wie wir die Verkaufszahlen wieder ankurbeln können.
Für ein Brainstorming nächsten Montag bringt jede und jeder von euch mindestens drei, besser mehr kreative und außergewöhnliche Ideen mit, wie wir wieder in Schwung kommen.
Wann und Wo? Montag ab 10:00 Uhr (nehmt euch danach nichts vor ☺) im Besprechungsraum.
Ich freue mich schon auf den Austausch mit euch.
Alles Liebe,

Die unterschiedlichen Typen haben eine unterschiedliche Art, zu kommunizieren und E-Mails zu schreiben. Klarerweise schreiben wir selbst in dem Stil, den wir am stärksten ausgeprägt haben. Damit spreche ich natürlich nicht alle Persönlichkeitstypen gleichermaßen an. Wenn wir als Bewahrer einem Macher schreiben, kann es passieren, dass dieser genervt von unserer Behutsamkeit und Beziehungsorientierung ist, er will ja schnell auf den Punkt kommen. Wenn wir dann eine typische „Macher-Antwort" erhalten, sind wir vielleicht verletzt und gekränkt. Und so kann es schnell zu Missverständnissen und infolge zu Konflikten kommen.

Uns selbst unseres Schreibstils bewusst zu sein und zu wissen, wie unsere Kollegen, Vorgesetzten oder Kunden „ticken", kann Missverständnisse reduzieren und die Kommunikation erleichtern.

Zusammenfassung – Schreib mir ein E-Mail und ich sage dir, wer du bist

Mit dem Mimikresonanz®-Profiling-Test können wir sehr rasch die verschiedenen Persönlichkeits-Anteile, die jeder von uns hat, erkennen. Das hilft, E-Mails im richtigen Stil für den jeweiligen Persönlichkeitstyp zu schreiben. Bedenken Sie, dass jeder Mensch Anteile aller Persönlichkeitstypen in sich hat, die unterschiedlich ausgeprägt sind.

Daran erkennen Sie die vier Persönlichkeits-Typen:
» Macher sind proaktiv, extrovertiert und objekt-bezogen. Sie treffen gerne Entscheidungen, es fällt ihnen schwer, Gefühle zu kommunizieren, sie sind anspruchsvoll und kritisch, sie sind schnell, ungeduldig und wirken sachlich.
» Denker sind reaktiv, introvertiert und objekt-bezogen. Sie sind diszipliniert, zuverlässig, strukturiert und brauchen Zeit, um Entscheidungen vorzubereiten. Sie wahren stets die Distanz, sind dabei aber immer höflich.
» Bewahrer sind reaktiv, introvertiert und perso-nenbezogen. Sie sind einfühlsam, beständig und loyal. Sie gehen Konflikten aus dem Weg, sind selbst rücksichtsvoll und hilfsbereit. Sie wollen Anerkennung und Sicherheit.
» Entertainer sind proaktiv, extrovertiert und personenbezogen. Sie sind gesellig und sehr kreativ, überschätzen aber die Dauer von Aufgaben und haben ein schlechtes Zeitmanagement. Sie lassen sich leicht ablenken, schreiben kreativ und treffen Entscheidungen, ohne alle Informationen zu kennen.

III. E-Mail Knigge – altmodisch oder aktuell?

Harald und Margit treffen sich beim Eingang zur Kantine zum gemeinsamen Mittagessen. „Na dafür, dass du gerade aus dem verlängerten Wochenende kommst, schaust du aber ziemlich grantig aus", begrüßt Harald Margit. „Die ganze Erholung ist dahin. Weißt du, wie viele E-Mails ich heute früh in meinem Posteingang hatte?", fragt Margit aufgebracht. „Keine Ahnung. 100?", meint Harald während er sich Besteck auf das Tablett lädt und sich einreiht, um sein verdientes Mittagessen zu holen. „Pff! 100, wenn es nur 100 wären!", ruft Margit aus. „320 Mails! Kannst du dir das vorstellen! In vier Tagen 320 E-Mails! Die spinnen ja!", erzählt sie. Sie knallt ebenfalls Besteck auf ihr Tablett und stellt sich mit Harald an. „Ich frage mich, wann ich die alle lesen soll. Da sind so viele E-Mails dabei, die einen unklaren Betreff haben. Ich weiß also nicht einmal, ob da etwas Relevantes für mich drinnen steht oder nicht!", redet sich Margit in Rage. „Ja, das kenne ich! Oder diese E-Mails, wo nur die halben Informationen drinnen stehen. Und dann musst du erst recht nachfragen, was gemeint ist", pflichtet ihr Harald bei.

15. Was stört bei E-Mails?

E-Mails haben sich in den letzten 20 Jahren zum gebräuchlichsten Kommunikationskanal im Geschäftsleben entwickelt. Eine Studie der Forschungsgruppe Kommunikationssystem aus 2013 zeigt auf, dass 98 Prozent der Mitarbeiter im Unternehmen täglich E-Mails nutzen[11]. Eine weitere Studie aus 2014[12] spricht von 196 Milliarden E-Mails, die täglich weltweit versendet bzw. empfangen werden. 55,3 Prozent davon im Businessbereich. Das entspricht 121 Geschäfts-E-Mails pro Tag und Nutzer.

E-Mails laufen langsam, aber sicher damit dem Telefon als dem bevorzugten Kommunikationskanal den Rang ab. Einerseits ist es zeitunabhängig, wann wir sie schreiben, andererseits sind sie schnell. Doch genau dieser Vorteil der Schnelligkeit birgt auch große Risiken, wenn dadurch dem Schreiben von E-Mails wenig Zeit und Aufmerksamkeit gewidmet wird.

Seit rund zehn Jahren befragen wir am Anfang unserer E-Mail-Trainings die Teilnehmer, was sie an E-Mails am meisten stört. In einer Erhebung (siehe nächste Seite) haben wir die spannenden Ergebnisse zusammengefasst.

Wenn wir uns die Erhebung näher anschauen, stört es am meisten, lange E-Mails zu lesen. Zeit ist heute ein kostbares Gut. Lange E-Mails lesen wir dann, wenn wir Zeit haben. Kurze E-Mails lesen und beantworten wir viel rascher, bei längeren E-Mails dauert es auch mal, bis die Antwort erfolgt.

Gleich an zweiter und dritter Stelle geht es um die Höflichkeit – also die Beziehungsebene in der Kommunikation. Viele E-Mails werden als zu wenig höflich empfunden. Zur Höflichkeit gehören die korrekte Anrede mit dem Namen, dem Titel und eine Grußformel. Auch und gerade weil das E-Mail ein schnelles Kommunikationsmittel ist, wird häu-

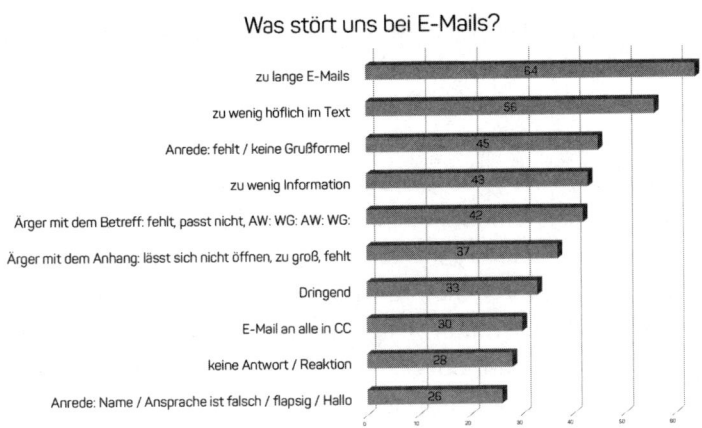

Was stört uns bei E-Mails?

zu lange E-Mails	64
zu wenig höflich im Text	56
Anrede: fehlt / keine Grußformel	45
zu wenig Information	43
Ärger mit dem Betreff: fehlt, passt nicht, AW: WG: AW: WG:	42
Ärger mit dem Anhang: lässt sich nicht öffnen, zu groß, fehlt	37
Dringend	33
E-Mail an alle in CC	30
keine Antwort / Reaktion	28
Anrede: Name / Ansprache ist falsch / flapsig / Hallo	26

Abb. 5: Zusammenfassung der Erhebung aus zehn Jahren E-Mail-Trainings: die Teilnehmer haben erarbeitet, was sie bei E-Mails besonders stört. Die Top-Ten Nennungen sehen Sie in der Abbildung.

fig vergessen auf den richtigen Tonfall zu achten. In immer mehr Firmen entstehen Konflikte zwischen Mitarbeitern, Abteilungen oder sogar Kunden und Lieferanten, weil man sich in der Hitze des Gefechtes im Tonfall vergreift. Zu oft ist nicht bewusst, dass jedes E-Mail nach außen ein Bild von Ihnen und Ihrem Unternehmen widerspiegelt.

Sobald Sie merken, dass es Unstimmigkeiten, Schwierigkeiten oder Missverständnisse gibt – und der Weg des E-Mail-Schreibens dazu mitbeigetragen hat, wechseln Sie den Kommunikationskanal! Suchen Sie das persönliche Gespräch oder greifen Sie zum Telefonhörer. Das hat schon manche Situation sehr rasch wieder beruhigt und geklärt.

Der Punkt „zu wenige Informationen" sorgt dafür, dass der Empfänger nachfragen oder ein weiteres E-Mail senden muss. So geht dann das bekannte und mühsame Ping-Pong-Spiel zwischen Sender und Empfänger los.

Ein fehlender, nicht aussagekräftiger oder nicht mehr passender Betreff erschwert unsere Arbeitsabläufe. Denn der Betreff hilft uns beim Orientieren, Kategorisieren, Ablegen und Wiederfinden.

Vielleicht ist es Ihnen auch schon passiert, dass Sie ein E-Mail weggeschickt haben, bevor Sie den Anhang angefügt haben. Das generiert sofort weitere E-Mails – entweder von Ihnen sofort, wenn Sie draufkommen oder vom Empfänger, der nach dem Anhang fragt. Lästig ist auch, wenn Scans nicht benannt sind, oder Sie den Kopf schieflegen oder diese ausdrucken müssen, um sie lesen zu können.

16. Netiquette

Gutes Benehmen ist nicht nur im persönlichen Kontakt mit Kollegen und Kunden gefragt. Auch beim E-Mail-Schreiben hat sich eine Etikette, die Netiquette, entwickelt. Sie finden hier einen Überblick, wie Sie beim E-Mail-Schreiben gutes Benehmen zeigen können.

Selbst wenn die Zeit knapp ist oder noch keine Auskunft gegeben werden kann, freut sich jeder Absender über eine kurze Antwort mit dem Hinweis auf eine baldige, ausführliche Nachricht. Wer auf E-Mails nicht reagiert oder sie erst nach Tagen beantwortet, verärgert den anderen. Denn das empfinden wir als unhöflich und wenig wertschätzend uns gegenüber. Über den Empfänger denken wir möglicherweise, er ist unkoordiniert, hat schlechtes Zeitmanagement oder ist schlichtweg überfordert.

Als unhöflich empfinden wir es außerdem, wenn wir einen solchen Anruf bekommen: „Hast du mein E-Mail schon gelesen, ich habe es dir gerade geschickt!" Wenn zu rasch nachgefragt wird, empfinden wir das als lästig und drängend.

Höflichkeit ist Trumpf

Eine freundliche Anrede und eine nette Grußformel sind in der geschäftlichen Korrespondenz Standard. Weichen Sie ruhig von den klassischen Grußformeln ab – immer passend zur Corporate Identity Ihres Unternehmens. Ideen für Grußformeln finden Sie ausführlich im Kapitel 28.

Bei der Anrede „Hallo" scheiden sich die Geister. Manche empfinden es als nette Abwechslung und besser als das steife „Sehr geehrter Herr oder Sehr geehrte Frau". Anderen stößt es sauer auf, mit einem „Hallo" angeschrie(b)en zu werden – das Wort „Hallo" kommt vom Wortstamm her von „schreien, rufen", und das merkt man immer noch.

Beim ersten E-Mail-Kontakt mit einer Person, die man nicht persönlich kennt, ist sicherheitshalber ein „Hallo" eher unangebracht und kann sogar als respektlos empfunden werden.

Häufig findet man auch die Abkürzung *MfG* (Mit freundlichen Grüßen) oder *lg* (Liebe Grüße) als Grußformel. Eine solche Abkürzung vermittelt dem Empfänger „Für dich nehme ich mir nicht mal die Zeit, die Grußformel auszuschreiben". Auch wenn das nicht die Absicht des Schreibers ist.

Ein aussagekräftiger Betreff

Ein Betreff, welcher klar auf den Inhalt schließen lässt, gehört nicht nur im geschäftlichen Bereich zum guten Stil. Zum einen hat der Betreff auch Einfluss, ob und wann Ihre E-Mails gelesen werden, zum anderen erleichtert er dem Empfänger, eine einmal abgelegte Nachricht schneller wiederzufinden. Im Kapitel 19 finden Sie einige Anregungen für einen aussagekräftigen Betreff.

IN GROSSBUCHSTABEN – EIN ABSOLUTES TABU

Alles in Großbuchstaben – nein! Nicht nur aus Gründen der Lesbarkeit, sondern vor allem aus Höflichkeit. In Großbuchstaben Geschriebenes hat die Wirkung von Schreien in einem direkten Gespräch.

alles in kleinbuchstaben ist ein no-go

alles in kleinbuchstaben zu schreiben, war insbesondere zu beginn der „e-mail-zeit" sehr verbreitet. kleingeschriebenes ist nicht nur schwieriger zu lesen, sondern vermittelt bei manchem empfänger auch das gefühl, dass der absender sich nicht einmal die zeit nimmt, um die großstell-taste zu nutzen.

(Wie leicht bzw. schwer fiel es Ihnen, diese Zeilen zu lesen?)

Cc-Funktion mit Vorsicht nutzen

Cc steht für Carbon Copy – es kommt aus der guten alten Zeit, als auf der Schreibmaschine mit Durchschlagpapier geschrieben wurde. Wie viele Durchschläge waren noch gut lesbar? Erfahrungsgemäß maximal drei! So sollten wir es auch mit der Cc-Funktion halten. Sie ist an sich sehr nützlich – z.B. für die Korrespondenz in einer Projektgruppe oder um andere Personen lediglich zu informieren. Doch sie wird häufig missbraucht:

- Zur Sicherheit setzen wir ganz viele Kollegen oder Führungskräfte in Cc, damit diese wissen, was wir alles leisten.
- Oder wir machen Druck auf einen Kollegen, indem wir dessen Vorgesetzte in Cc setzen – einer der häufigsten Auslöser für firmeninterne Konflikte.

E-Mail Knigge – altmodisch oder aktuell?

Lange E-Mails vermeiden

Ein Vorzug des E-Mails besteht darin, dass man Informationen schnell und kompakt weitergeben kann – mit Betonung auf „kompakt". Eine hilfreiche Regel ist – wenn Sie das E-Mail ausdrucken, sollte es maximal eine A4-Seite lang sein. Mehr Text geben Sie unbedingt in einen Anhang.

Ein nützlicher Tipp:
Schreiben Sie für jedes Thema ein eigenes E-Mail. Es ist übersichtlicher und Sie erhalten schneller eine Antwort. Wir genießen das Erfolgserlebnis, ein E-Mail abzuschließen und ein To-do abzuhaken. Auch die Ablage und das Wiederfinden des E-Mails werden dadurch vereinfacht.
Komplexe Sachverhalte lassen sich immer noch am besten und am schnellsten in einem direkten Gespräch klären. Danach kann eine Zusammenfassung als Dokumentation sehr nützlich sein.

Wichtig nur, wenn Wichtigkeit besteht!

Mit unseren E-Mail-Programmen lässt sich eine Nachricht als dringend bzw. wichtig für den Empfänger kennzeichnen. Nutzen Sie diese Kennzeichnung mit Bedacht und nur dann, wenn das E-Mail wirklich dringend bzw. wichtig ist.

Signatur gehört zum Standard

In die Signatur gehören die Kontaktdaten sowie die gesetzlich vorgeschriebenen Pflichtangaben. (Siehe Kapitel 22.) So hat der Empfänger stets mehrere Möglichkeiten, mit Ihnen in Verbindung zu treten, und muss sich beispielsweise die Telefonnummer nicht erst mühsam irgendwo heraussuchen.

Keine Kettenbriefe, Spendenaufrufe, Viruswarnungen etc.

Dazu wollen wir gar nicht viel schreiben. Solche Nachrichten sind mühsam und in der Regel ausschließlich Zeitfresser. Ersparen Sie derartige E-Mails daher Ihren Kollegen, Kunden und Freunden. Sie ersparen diesen damit Zeit, das Löschen der E-Mails und Ärger.

Emoticons – ja und nein

Sie kennen sie sicher, die sogenannten Emoticons wie z. B. :-) ;-) :-(

Diese können ein E-Mail auflockern. Aber sie sind nur dann angebracht, wenn Sie den Empfänger gut kennen. Faustregel: ja bei Freunden und guten Bekannten, nein bei geschäftlicher Korrespondenz.

Die korrekte Rechtschreibung als Zeichen von Höflichkeit

Ein E-Mail voller Fehler vermittelt fehlende Kompetenz und Verlässlichkeit. Deshalb ist stets ein Korrekturlesen vor dem Senden empfehlenswert.

Zusammenfassung – E-Mail Knigge

Täglich werden weltweit 196 Milliarden E-Mails verschickt. E-Mails ersetzen heute in weiten Teilen den klassischen Brief und sogar das Telefon. Die Kommunikations-Regeln haben sich daran angepasst und verändert – wir sprechen nun vom E-Mail-Knigge oder der Netiquette.

Damit Sie einen guten Eindruck hinterlassen, achten Sie auf:

» Höflichkeit ist Trumpf
» aussagekräftiger Betreff
» IN GROSSBUCHSTABEN – ein absolutes Tabu
» alles in kleinbuchstaben ist ein No-Go
» Cc-Funktion mit Vorsicht nutzen
» lange E-Mails vermeiden
» wichtig nur, wenn Wichtigkeit besteht!
» Signatur gehört zum Standard
» keine Kettenbriefe, Spendenaufrufe, Viruswarnungen, etc.
» Emoticons – ja und nein
» die korrekte Rechtschreibung als Zeichen von Höflichkeit

IV. Trocken, aber notwendig – das Fahrgestell Ihres E-Mails

Margit geht an Haralds Büro vorbei, als sie diesen kopf-schüttelnd an seinem Tisch sitzen sieht. „Was schüttelst du denn deinen Kopf? Was ist schon wieder passiert?", fragt sie. „Ich habe gerade einen wütenden Anruf vom Kollegen aus der Buchhaltung bekommen, warum ich ihm die Ab-rechnungsbelege noch immer nicht geschickt habe", ant-wortet Harald zähneknirschend. „Und warum hast du sie ihm noch nicht geschickt?", fragt Margit. „Weil ich das in dem elendslangen E-Mail, dass der Herr Kollege geschickt hat, übersehen habe. Außerdem stand ich nur als cc in dem Mail und in der Betreffzeile stand etwas von Änderungen bei den Abrechnungen. Ich habe das damals nur überflogen und nicht gesehen, dass er geschrieben hat, dass die Abrech-nungsbelege jetzt immer bis zum 29. in der Buchhaltung sein sollen", raunzt Harald.

So wie in dieser Geschichte haben wir das wahrscheinlich alle schon erlebt. Wer beim Schreiben nicht auf die Struktur achtet, kann andere verwirren oder für ärgerliche Situatio-nen sorgen.

Ein E-Mail besteht aus mehreren Teilen, es lässt sich in drei Bereiche gliedern: Kopf, Text und optionale Bestand-teile. Wir wollen uns die einzelnen Bereiche im Folgenden genauer ansehen.

Kopf:	Von, An, Cc/Bcc, Betreff
Text:	Anrede, Inhalt, Abschluss, Signatur
Optional:	Anhang, Wichtig, Lesebestätigung, Out of Office

17. Was Ihre E-Mail-Adresse mit Vertrauen zu tun hat

Die E-Mail-Adresse ist vergleichbar mit dem Absender beim klassischen Brief. Eine richtig gestaltete E-Mail-Adresse hilft, Vertrauen aufzubauen bzw. zu gewinnen. Sie ermöglicht dem Empfänger abzuschätzen, von wem das E-Mail kommt, und es kann überprüft werden, ob der Absender:

- bekannt oder unbekannt,
- erwünscht oder unerwünscht,
- harmlos oder gefährlich ist.

Im geschäftlichen Bereich wollen Sie sicherstellen, dass Ihr Empfänger Ihnen vertraut und Ihr E-Mail liest. Wir haben dazu für Sie Grundlegendes zusammengestellt:

- Menschen wollen immer wissen, wer dahintersteckt. Verwenden Sie in Ihrer E-Mail-Adresse nach Möglichkeit Vor- und Nachnamen.Die unpersönlichen Adressen wie *info@firmenname.com* oder *office@firmenname.at* nutzen Sie am besten als allgemeine Kontaktadresse, um Spams in Ihrem persönlichen Postfach zu reduzieren.
- Unternehmen verwenden oft auch folgende Schreibweise: *v.nachname@firmenname.at*. So wird nicht der gesamte Name des Mitarbeiters nach außen publiziert und dient dem Datenschutz.

- Service-Adressen wie *service@...* oder *support@...* oder *buchhaltung@...* oder *bewerbung@...* sind sinnvoll, um Kunden, Lieferanten und Bewerbern zu zeigen, an welche Abteilung das gesendete E-Mail geht.
- Vermeiden Sie eine Firmenadresse bei einem Webanbieter, z.B. *firmenname@yahoo.at*. Eine solche E-Mail-Adresse wirkt im Business-Kontext unprofessionell und nicht unbedingt vertrauenswürdig für das Unternehmen.

18. An-, Cc- und Bcc – das ABC des E-Mail-Knigge

Immer wieder erzählen uns Seminarteilnehmer von Verwirrungen rund um die Empfängerfelder „an", „cc" und „bcc". Es kommt häufig in Unternehmen vor, dass diese Empfängerfelder nicht eindeutig genutzt werden und es dadurch zu Missverständnissen oder gar Konflikten kommt, weil etwas nicht erledigt wurde.

Aus dem E-Mail-Alltag: Besonders verwundert hat uns ein Fall eines Abteilungsleiters, der sich alle E-Mails seiner Mitarbeiter in „An" schicken ließ, ganz egal, an wen das E-Mail tatsächlich gerichtet war. So manch verärgerter Kunde, der seine Antwort nur als „cc" erhalten hat, war das Ergebnis, denn wichtig war scheinbar der Vorgesetzte und nicht der Kunde! Als Kunde stellt man sich außerdem die Frage, warum eine dritte Person in die Kommunikation involviert ist. Ist der Mitarbeiter nicht kompetent genug?
Um derartige Missverständnisse zu vermeiden, hier die Unterscheidung dieser Empfängerfelder.
Nutzen Sie die Empfängerfelder konsequent:

- „An": Wen betrifft der Inhalt? Wer soll etwas tun? Personen in diesem Feld werden direkt im E-Mail angesprochen und von ihnen wird auch etwas erwartet.
- „Cc": Carbon Copy. Diese Empfänger sollen vom Inhalt informiert werden, sind jedoch nicht direkt betroffen und der Sender erwartet keine Aktion. Sparsam einsetzen!
- „Bcc": Blind Carbon Copy. Die Empfänger im An- und Cc-Feld sehen nicht, wer das E-Mail noch erhalten hat. In einer offenen Kommunikation nicht empfehlenswert, vor allem, wenn es um heikle Informationen geht. In vielen Unternehmen ist das Verwenden der Funktion Bcc verboten, denn dadurch kommt es immer wieder zu konfliktträchtigen Situationen. Sinnvoll kann diese Funktion sein, wenn Sie ein E-Mail an verschiedene Personen schicken, die nichts miteinander zu tun haben, oder wo es aus Datenschutzgründen nicht angebracht ist, dass die E-Mail-Adressen für alle sichtbar sind.
- Möchten Sie allen Adressaten in „An" und „Cc" antworten, nutzen Sie die Funktion „Allen antworten".
- Wenn Sie nur auf „Antworten" gehen, erreicht Ihre Nachricht alle Adressaten im „An"-Feld.

19. Der Betreff – die Kernaussage Ihres E-Mails

Neben dem Namen des Absenders ist der Betreff der wichtigste Grund, ein E-Mail zu öffnen. Er soll dem Empfänger zeigen, worum es in Ihrem Schreiben geht. Der Betreff ist im besten Fall eine Kurz-Zusammenfassung des Inhaltes. Ist er ungenau oder passt er nicht (mehr) zum Inhalt des

E-Mails sorgt das wieder für Irritation, Genervt-Sein oder sogar Ärger.

Wir überfliegen die E-Mails in der Vorschau meist blitzschnell. Und dann entscheiden wir, ob wir ein E-Mail sofort lesen oder bearbeiten nach zwei Kriterien:

- Ist der Absender jemand, der mir bekannt ist? Bekomme ich nützliche oder wichtige Informationen von dieser Person?
- Klingt der Betreff so interessant und wichtig, dass ich das E-Mail sofort öffne?

Der Empfänger trifft aufgrund des Betreffs sofort Entscheidungen:

- Bearbeiten ⇨ sofort oder später
- Löschen
- Lesen ⇨ sofort oder später
- Ignorieren oder abliegen lassen

Wie sieht ein optimaler Betreff aus?

Damit Sie den Leser zum Öffnen Ihres E-Mails animieren, schreiben Sie den Betreff so interessant, dass der Leser das Gefühl hat, dass sich das Öffnen des E-Mails lohnt.

- *50 Zeichen reichen:* Je kürzer der Betreff ist, desto eher wird er gelesen. Viele E-Mail-Dienste schneiden den Betreff bei 50 Zeichen ab. Auch mobile Endgeräte wie Tablets und Smartphones kürzen die Ansicht der Betreffzeile.
- *Fassen Sie Ihre Kernaussage kurz und prägnant zusammen:* Erleichtern Sie es dem Leser, schnell zu erkennen, was an diesem E-Mail für ihn relevant ist. Was verpasst der Leser, wenn das E-Mail ungelesen gelöscht wird? Schreiben Sie konkret, worum es geht, und vermeiden Sie „spam-verdächtige" Worte, die allein im Betreff stehen, wie: Aktion, Angebot, Gewinn, Bestellung, Mahnung etc.

Besser ist es z.B.: „Mahnung zu Ihrer Rechnung vom tt.mm.jj" oder „Ihr Angebot zur Kundennummer 12345678". So wirkt Ihr Betreff vertrauenserweckender.

■ *Der Betreff muss zum Inhalt passen:* Inhalt und Betreff sind optimalerweise aufeinander abgestimmt. So sehen Sie auf den ersten Blick, worum es sich handelt. Ändert sich der Inhalt, dann ändern Sie auch den Betreff. So können Sie das E-Mail leichter ablegen und jederzeit wiederfinden.

■ *Sie können Deadlines oder Handlungsaufforderungen direkt in den Betreff schreiben* – z.B. „Reisekostenabrechnung spätestens bis tt.mm. schicken".
Sie möchten, dass Ihre Empfänger etwas „tun"? Dann verwenden Sie schon im Betreff Tun-Wörter also Verben – z.B. „Bitte anrufen: Frau Kunner, Tel: 12345"; „Termin mit Herrn Mühler auf nächste Woche verschieben".

■ *Schreiben Sie Empfänger-bezogen:* Wir schreiben immer einem Menschen, der unser E-Mail liest – denken Sie an das Eisberg-Modell zurück. Wenn es sinnvoll ist, können Sie den Betreff schon SIE-orientiert formulieren. Z.B. statt „Unser Angebot zu Ihrem Projekt XY" besser „Ihr Angebot zu ..." oder statt „Anfrage zu XY" besser „Ihre Anfrage zu XY".

■ *Wann dürfen Sie einen Betreff ergänzen oder verändern?* Normalerweise gilt die Regel, den Betreff bei Antworten unverändert zu lassen.
Manchmal ist er ausgesprochen vage und ungenau formuliert. Nehmen Sie sich hier die Freiheit, den Betreff zu präzisieren oder zu ergänzen. Für das weitere Arbeiten mit diesem E-Mail machen Sie es allen Beteiligten einfacher.
Wenn ein E-Mail schon mehrmals hin- und her geschickt wurde, erscheinen diese netten Buchsta-

ben-Kombinationen am Beginn der Betreffzeile: AW:WG:RE:AW:FWD:WG:AW.
Löschen Sie alle Abkürzungen bis auf ein AW: (Antwort) oder ein RE: (Retour). Das zeigt an, dass dieses E-Mail bereits Teil einer Konversation ist und keine neue Konversation.

■ *Schlüsselworte nach vorne:* Die wichtigsten Schlüsselworte sollten möglichst weit vorne stehen, dann werden sie sicher angezeigt und so auch gelesen (siehe „50 Zeichen reichen"). Verschieben Sie die Worte Ihres Betreffs so lange, bis Sie dieses Ziel erreicht haben. Riskieren Sie, dass Deutschlehrer Ihnen mangelnde Grammatikkenntnisse oder Stenografie-Stil vorwerfen: Das Ergebnis und nicht die Schulnote entscheidet über den Erfolg.

■ *Short Tags für Ihre interne Kommunikation:* Für das interne Kommunizieren sind Short Tags – Kurzhinweise – besonders hilfreich. Wichtig ist es jedoch, dass alle Kollegen über die Bedeutung dieser Kurzhinweise informiert sind. Diese Short Tags schreiben Sie in eine eckige Klammer, damit sie deutlich hervorstechen.

» *[zur Info]* Termin verschoben
» *[FYI] = For your information* – Termin verschoben
» *[Erledigt]* oder *[done]* Raum gebucht
» *[Rückmeldung]* Projektstatus
» *[Buchen]* Seminarraum
» *[Bestellen]* Kopierpapier
» Rückruf Herr Mühler bis 15:00 *[eom]* = *End of Message*
» Rückruf Frau Kunner bis 15:00 *[edn]* = *Ende der Nachricht*

20. Endlich geht's ums Schreiben

E-Mails werden nun mal am Bildschirm gelesen. Interessant ist, dass viele Menschen vor allem lange und umständlich geschriebene E-Mails ausdrucken. Warum tun wir das?

Die Lesegeschwindigkeit am Bildschirm ist um 30 Prozent langsamer.

Das Auge ermüdet schneller und wir sind auch schneller abgelenkt von den anderen geöffneten Programmen und unserem Umfeld.

Die Struktur und der Aufbau unserer E-Mails tragen dazu bei, ob und wie rasch unsere Nachrichten gelesen und beantwortet werden. Was können wir tun, damit unser E-Mail gelesen wird?

Die meisten Menschen überfliegen den Posteingang, denn die E-Mails können mit dem Vorschau-Fenster „angelesen" werden. Je nach persönlicher Einstellung sehen wir nur die ersten Zeilen des E-Mails.

- *Überblick im Vorschau-Fenster:* Viele von uns überfliegen das E-Mail im Vorschau-Fenster. Deshalb beginnen Sie das E-Mail am besten mit einem freundlichen Einstieg und geben dem Leser dann einen Überblick, worum es geht.

  Schreiben Sie das Wesentliche in die ersten 6 bis 8 Zeilen – das ist die häufigste Größe des Vorschau-Fensters. Wenn Sie in der Einleitung einen guten Überblick über das Thema geben, erhöht das die Chance, dass Ihr E-Mail gelesen, beantwortet, bearbeitet und erledigt wird.

- *Hauptteil:* Im Hauptteil des E-Mails geben Sie in kurzen Absätzen die genaueren Informationen zum Thema. Halten Sie sich dabei kurz.

  Folgende Informationen sind für unsere Leser wichtig:
  » Worum geht es?
  » Was ist zu tun?

- » Wie ist es zu erledigen?
- » Wer soll es erledigen?
- » Bis wann?

Überlassen Sie es nicht der Fantasie des Lesers, die nächsten Schritte zu erkennen.

Wenn Sie ausführliche Abläufe beschreiben, schreiben Sie diese in ein extra Dokument und schicken es als Attachment mit.

- *Attachment*: Kündigen Sie einen Anhang immer an. Informieren Sie Ihren Leser auch kurz darüber, welche Inhalte er darin findet. Im Kapitel 24. befassen wir uns noch ausführlich mit Anhängen.

Anhang

21. Die Nachrichten-Formate

Ihnen ist sicher schon aufgefallen, dass es unterschiedliche Nachrichten-Formate bei E-Mails gibt. Diese Formate haben Einfluss auf das Formatieren Ihres Textes und somit auch auf die Lesbarkeit.

E-Mails können in drei Formaten dargestellt werden:

- Nur-Text-Format: reiner Text im sogenannten ASCII-Format
- Outlook-Rich-Text
- HTML-Format

Nur-Text

So wie mit der guten alten Schreibmaschine können Sie in diesem Format nur Buchstaben und Zahlen übertragen. Es wird weder die Textformatierung fett, kursiv, unterstrichen oder farbige Schriftart angezeigt. Als Hervorhebung können Sie Großbuchstaben nutzen. Es unterstützt außerdem keine direkt im Nachrichtentext angezeigten Bilder. Der Vorteil dieses Formates ist, dass es von allen E-Mail-Anwendungen erkannt wird. Sie können jederzeit Dokumente (Attachments) anhängen. E-Mails in diesem Format senden keine Schadcodes (Viren) mit und brauchen die geringste Datenmenge. Das ist ein Vorteil beim Übertragen auf mobile Endgeräte. Deshalb haben einige Unternehmen Nur-Text als Standard-Format eingerichtet.

Outlook-Rich-Text-Format (RTF)

Das ist ein Format von Microsoft, das nur von Microsoft Exchange und Outlook unterstützt wird. Rich-Text-Format wird sehr häufig innerhalb einer Organisation, die Microsoft Exchange nutzt, verwendet.

Das RTF unterstützt Textformatierungen einschließlich Aufzählungen und Ausrichtung. Wenn Nachrichten an einen externen Empfänger gesendet werden, werden die Nachrichten im Rich-Text-Format von Outlook automatisch in das HTML-Format konvertiert.

Ein RTF-Format erkennen Sie daran, dass Anhänge nicht oben unter dem Betreff eingefügt sind, sondern irgendwo im Text zu finden sind (dort, wo der Cursor stand).

HTML-Format

HTML (Hypertext Markup Language) ist das Standard-Nachrichtenformat in Outlook. In diesem Format werden auch Webseiten erstellt. Senden Sie Ihre E-Mails im HTML-Format, so senden Sie im Prinzip kleine Webseiten. Es ist das am besten geeignete Format für das Erstellen von Nachrichten, die traditionellen Dokumenten ähneln. Es kann normalerweise auch von Empfängern gelesen werden, die einen anderen E-Mail-Editor als Outlook einsetzen. Wenn Sie und Ihr Empfänger beide HTML verwenden, wird meist genau das angezeigt, was Sie gesendet haben. Sie können den Text beliebig formatieren: z.b. verschiedene Farben und Schriftarten, die wiederum fett, kursiv oder unterstrichen geschrieben werden können. Sie können verschiedene grafische Aufzählungszeichen nutzen und Tabellen, Fotos und Grafiken einbinden.

Das HTML-Format hat jedoch vor allem für den Empfänger einige Nachteile:

- HTML-E-Mails sind vom Datenumfang her größer als vergleichbare im Standard-ASCII-Format erstellte E-Mails.

- HTML-E-Mails sind nicht sicher. Sie können schädliche Programmroutinen enthalten, die Festplatteninhalte verändern und ausspionieren können (Viren oder andere Schadprogramme).

Beim Antworten einer Nachricht wird in Outlook das Format der ursprünglichen Nachricht beibehalten.

Ein Beispiel: Sie erhalten ein E-Mail in Nur-Text – das heißt, der Sender des E-Mails hat auch Nur-Text-Empfang eingestellt.

Wenn Sie nun beim Antworten Ihr E-Mail in HTML ändern, nützt das sehr wenig, denn das E-Mail-Programm des Empfängers wird dieses wieder in Nur-Text empfangen. Berücksichtigen Sie dies beim Schreiben Ihres E-Mails und verzichten Sie auf Formatierungen. Achten Sie daher darauf, in welchem Nachrichten-Format Sie E-Mails von Kunden erhalten.

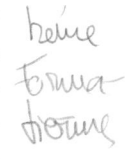

22. Die E-Mail-Signatur – Pflicht und Kür

Ein weiteres Thema, das in unseren Seminaren immer wieder als lästig und zeitraubend diskutiert wird, ist, wenn in einem E-Mail keine Signatur mitgesendet wird.

Sie ist ein wertvoller Bestandteil der Corporate Identity. Die E-Mail-Signatur ist mehr als die Unterschrift in einem Brief. Sie zeigt auch wer wir sind, welche Funktion wir im Unternehmen haben und wie und wo man uns erreichen kann.

Eine E-Mail-Signatur ist ein kleiner Text, vergleichbar mit einer Visitenkarte, der am Ende des E-Mails steht. Das heißt, nach der Signatur kommt kein Text mehr, mit Ausnahme des Disclaimers (siehe Seite S. 91).

Sowohl die Grußformel als auch der Name können Bestandteile der Signatur sein. Der Vorteil besteht in der Zeitersparnis, auf Kosten der Individualität.

Zur äußeren Form der Signatur:

- Beachten Sie 65 Zeichen als maximale Zeilenlänge.
- Das Layout sollte einfach und klar wirken und damit einen professionellen Eindruck machen. Eine Trennlinie am Beginn der Signatur ist hilfreich, um den eigentlichen Inhalt des E-Mails abzugrenzen. Der Text wirkt linksbündig am besten.

Pflichtangaben in E-Mails

Unternehmen sind verpflichtet, in ihrer E-Mail-Signatur Pflichtangaben anzuführen. Viele Unternehmen vergessen, dass nicht nur auf Geschäftspapier, sondern auch in E-Mails Pflichtangaben vorgeschrieben sind. Gemeint sind damit nicht Signaturen im Sinne des Signaturgesetzes, die auf E-Mails anstelle von Unterschriften angebracht werden (können), sondern eine Art „Impressum". [13]

In Österreich ist die Pflichtangaben-Übersicht im § 14 UGB (Unternehmensgesetzbuch) nachzuschlagen. In Deutschland findet man die gesetzlichen Grundlagen für die Pflichtangaben – je nach Rechtsform – im § 37a HGB (Handelsgesetzbuch), § 35a GmbHG (GmbH-Gesetz) und im § 80 AktG (Aktiengesetz).

■ Welche Angaben sind zu machen?

Übersicht nach Rechtsform
Eingetragener Einzelunternehmer (eU)
» Firma (Firmenwortlaut gemäß Firmenbucheintrag)
» Vor- und Zuname, wenn dieser von der Firma abweicht
» Firmenbuchnummer
» Firmenbuchgericht
» Firmensitz (gemäß Firmenbucheintrag)
» Rechtsform
» Angabe, ob Unternehmen in Liquidation

OG, KG (OHG, OEG, KEG)
» Firma (Firmenwortlaut gemäß Firmenbucheintrag)
» Firmenbuchnummer
» Firmenbuchgericht
» Firmensitz (gemäß Firmenbucheintrag)
» Rechtsform
» Angabe, ob Unternehmen in Liquidation
» Haftet keine natürliche Person unbeschränkt, sämtliche Angaben auch über den unbeschränkt haftenden Gesellschafter

GmbH, AG
» Firma (Firmenwortlaut gemäß Firmenbucheintrag)
» Firmenbuchnummer
» Firmenbuchgericht

» Firmensitz (gemäß Firmenbucheintrag)
» Rechtsform
» Angabe, ob Unternehmen in Liquidation
» Werden Angaben über das Kapital der Gesellschaft gemacht, Stammkapital bzw. Grundkapital und ausstehenden Einlagen.

Genossenschaft
» Firma (Firmenwortlaut gemäß Firmenbucheintrag)
» Firmenbuchnummer
» Firmenbuchgericht
» Firmensitz (gemäß Firmenbucheintrag)
» Rechtsform
» Angabe, ob Genossenschaft in Liquidation
» Art der Haftung

Inländische Zweigniederlassung
» Rechtsformspezifische Angaben für das ausländische Unternehmen
» Firma der Zweigniederlassung
» Firmenbuchnummer der Zweigniederlassung
» Firmenbuchgericht der Zweigniederlassung

Strafbestimmungen
» Verstöße gegen die Bestimmung werden vom zuständigen Firmenbuchgericht mit Zwangsstrafen bestraft.

Da es unerheblich ist, auf welchem technischen Weg die Geschäftsbriefe und Bestellscheine übermittelt werden, sind auch Geschäfts-E-Mails von der Regelung erfasst.
Diese Pflichtangaben in einem E-Mail dürfen nicht als Grafik in der Signatur integriert sein, sondern müssen als reiner Text aufscheinen (für Nur-Text-Empfang).

Trocken, aber notwendig – das Fahrgestell Ihres E-Mails

- Was kann die Signatur zusätzlich enthalten:
  - » Ihren Vor- und Nachnamen sowie Ihre Funktion
  - » Ihre E-Mail-Adresse
  - » Einen Link auf Ihre Homepage oder zu einer Untermenü-Seite ist heute Standard.
  - » Falls Sie Ihr Logo oder ein Bild als .jpg eingefügt haben, verlinken Sie dieses am besten, indem Sie den ganzen URL (Uniform Resource Locator = Windows Dateiformat für Weblinks) beginnend mit http://... verwenden. Dann kann Ihr E-Mail-Programm diesen als Link direkt erkennen.
  - » Geben Sie auch eine Telefonnummer an. Diese Schreibweise „+43 111 987654321" wird empfohlen.
  - » Im Bereich Kundenservice weist die Signatur den Namen des zuständigen Bearbeiters aus. Das hilft dem Kunden, wenn er weitere Fragen hat oder einen direkten Kontakt sucht. Wir fühlen uns dadurch persönlicher betreut (Beziehungsebene).

- Ein P.S. am Ende?
  - » Ein P.S. am Ende setzt eine gewisse Vertrautheit zwischen den Korrespondierenden voraus. In der Geschäftskorrespondenz empfehlen wir, es äußerst sparsam zu verwenden.
  - » Ein P.S. ist immer *vor* der Signatur zu schreiben und signalisiert, dass das E-Mail zu Ende ist.

Disclaimer

Sie haben wahrscheinlich auch schon E-Mails mit einem sogenannten Disclaimer erhalten. Ein Beispiel für einen klassischen Disclaimer:

Dieses E-Mail ist ausschließlich für den angeführten Empfänger bestimmt. Es enthält vertrauliche Informatio-

nen. Falls Sie dieses E-Mail versehentlich erhalten haben,
informieren Sie bitte unverzüglich den Absender.

Der Begriff *Disclaimer* wird im Internetrecht als Fachausdruck für einen Haftungsausschluss verwendet. Dabei kommen Disclaimer vorwiegend in E-Mails und auf Webseiten vor. Er stammt ursprünglich vom englischen „to disclaim" ab, was so viel bedeutet wie „abstreiten" oder „in Abrede stellen".[14]

Ein Disclaimer ist ein Text, der am Ende eines E-Mails, nach der Signatur, eingefügt wird. In vielen Unternehmen werden E-Mail-Disclaimer in der Regel automatisch als Textbaustein bei externen Empfängern eingefügt.

Der Disclaimer ist im Gegensatz zu den Pflichtangaben der Signatur NICHT verpflichtend. Nach österreichischem Recht ist ein solcher Disclaimer nicht erforderlich, da ohnehin die gesetzliche Haftungsbeschränkung des § 17 ECG zur Anwendung kommt.[15] Nach deutschem Recht ist ein solcher Disclaimer ebenfalls ohne rechtliche Relevanz, da es sich lediglich um eine einseitige Aufforderung handelt und keinerlei rechtlich bindende Wirkung für den Empfänger entfalten kann.

Viele Unternehmen wollen sich mit einem Disclaimer absichern. Spannend ist dazu allerdings die Ansicht vieler Juristen, dass E-Mail-Disclaimer unwirksam sind.

Wie wir wissen, ist es schwierig, bereits Gelesenes sofort wieder zu vergessen. Zweitens handelt es sich um Allgemeine Geschäftsbedingungen, denen ich zustimmen sollte, bevor ich das E-Mail öffne. Da der Disclaimer am Ende des E-Mails steht, ist das nur schwer möglich.

Unabhängig davon, ob ein geschäftliches E-Mail einen Disclaimer enthält oder nicht, dürfen vertrauliche Inhalte ohnehin nicht weitergegeben werden. Denn in diesem Zusammenhang greifen bereits andere gesetzliche Regelungen wie z.B. Straf-, Datenschutz-, Urheber- oder Wettbewerbsrecht.

Unternehmen, die international agieren, verwenden besonders häufig einen Disclaimer. Im angloamerikanischen Raum ist er üblich und auch aufgrund der länderspezifischen Rechtslage häufig erforderlich.

Sie möchten einen Disclaimer verwenden? Dann schreiben Sie diesen freundlich und verständlich.

Eine Anregung in Deutsch und Englisch finden Sie hier:

> Dieses E-Mail ist ausschließlich für den angeführten Empfänger bestimmt. Es enthält vertrauliche Informationen. Sollten Sie dieses E-Mail versehentlich erhalten haben, informieren Sie bitte sofort den Absender. Das Kopieren und Weitergeben an Dritte ist gesetzlich untersagt. Löschen Sie dieses E-Mail mit allen Anhängen sofort und vollständig von Ihrem Computer. Vielen Dank dafür.
> This e-mail and any files transmitted with it are confidential and solely for the use of the individual or entity to whom they are intended. If you have received this e-mail in error please notify the sender either by telephone or by e-mail and delete the material from any computer. Thank you for your cooperation.

Beispiel Disclaimer

Sie finden im Internet einige Webseiten, die Disclaimer-Text-Vorlagen anbieten.

23. Lästig oder hilfreich? – Wichtigkeit und Lesebestätigung

Wollen wir zeigen, dass unser E-Mail wichtig ist, haben wir die Möglichkeit, das mit einem Symbol zu zeigen.

Mit einem *roten Rufzeichen* signalisieren wir, dass das E-Mail wichtig ist, eine hohe Priorität hat und gleich gelesen werden soll. Unser Tipp: Verwenden Sie die hohe Wichtigkeit äußerst sparsam und auf keinen Fall als Standard-Einstellung. Sie werden sonst nicht ernst genommen.

Mit einem *nach unten zeigenden blauen Pfeil* kündigen wir an, dass unser E-Mail weniger wichtig ist und eine niedrige Priorität hat. Dieses Symbol können wir verwenden, wenn wir ein privates E-Mail senden oder etwas einfach nur zur Information. Nutzen Sie diese Möglichkeit sehr sparsam, denn wenn die Nachricht so eine niedrige Priorität hat, stellt sich die Frage, warum sie überhaupt geschickt wird und den Posteingang „zumüllt".

Manche Menschen lieben es, *Lesebestätigungen* einzufordern. Welche Funktion hat eine Lesebestätigung? Sie wird generiert, wenn der Leser das E-Mail geöffnet hat und er wird aufgefordert, den Empfang mit einem weiteren E-Mail zu bestätigen. Was viele vergessen: Das bedeutet noch lange nicht, dass es gelesen wurde. Eine Lesebestätigung dient in vielen Situationen der Absicherung, ob das E-Mail auch wirklich angekommen ist. Bei gesetzlichen Fristen kann es durchaus sinnvoll und wichtig sein. Nutzen Sie diese Möglichkeit jedoch wirklich sehr sparsam. Als Standardeinstellung ist sie unbedingt zu vermeiden, da sie ein weiteres E-Mail produziert und außerdem oft zu Verärgerung führt, wenn das nicht notwendig ist.

24. Dateiformate und Größe von E-Mail-Anlagen – von XS bis XXL

Ein Anhang, eine Anlage oder ein Attachement ist eine dem E-Mail beigefügte Datei. Dabei handelt es sich häufig um Textdateien, Fotos, Videos, Tabellen oder Grafiken. Dafür können verschiedene Programme genutzt werden und so ergeben sich verschiedene Dateiformate.

Da sich in mitgeschickten Dateien auch Viren oder Ähnliches verstecken können, kündigen Sie einen Anhang immer in Ihrem E-Mail an!

Fügen Sie mehrere Anhänge immer in der Reihenfolge ein, in der Sie diese im E-Mail angekündigt haben. Das macht es für Ihren Empfänger einfacher, diese zu lesen oder zu bearbeiten.

Dateiformat: Achten Sie bei Anhängen, die Sie versenden, auf ein gängiges Dateiformat, das der Empfänger ebenfalls nutzt. Falls Sie unsicher sind, fragen Sie vorher nach oder senden Sie den Anhang gleich als PDF-Dokument (PDF bedeutet Portable Document Format, das ist ein plattformunabhängiges Dateiformat für Dokumente).[16] Dieses Dateiformat bietet den Vorteil, dass die Datei so bleibt, wie Sie diese geschrieben und layoutiert haben. Sie finden im Internet verschiedene – auch sehr kostengünstige – Anbieter von Programmen, die PDF-Dokumente erstellen können.

Generell gelten Anlagen im .doc- oder .xls-Format als unprofessionell. Diese und eine Reihe weiterer Dateiformate können Makros (Viren) übertragen. Beim Öffnen Ihrer Anlage kann der Empfänger eine böse Überraschung erleben. Wenn Sie – aus welchem Grund auch immer – eine solche Datei versenden wollen, lassen Sie diese durch Ihren Virenschutz kontrollieren. Informieren Sie Ihren Empfänger, dass das beigefügte Dokument ein .doc- oder .xls-Format hat. Dann kann er selbst entscheiden, ob er es durch seinen Virenschutz laufen lässt, bevor er es öffnet.

Wenn Sie gescannte Dokumente schicken, drehen Sie den Scan so, dass er „ohne Verrenkungen" gelesen werden kann und benennen Sie das gescannte Dokument korrekt.

Dateigröße: Als vertretbare Dateigröße im Anhang geschäftlicher E-Mails werden bis zu fünf Megabite (MB) angesehen. Manche E-Mail-Server lehnen bestimmte Dateigrößen – oft geschieht dies bei mehr als fünf MB – grundsätzlich ab. In diesem Fall erreicht Ihre Nachricht nicht das Ziel.

Komprimieren Sie bei Bedarf Ihre Anlage vor dem Versand. Sie hat dann meist das .zip- oder .rar-Format. Der Empfänger dekomprimiert oder „entzippt" diese dann wieder, damit sie für ihn lesbar wird. Die dafür notwendigen Programme finden Sie normalerweise auf Ihrem Computer.

25. Ich bin nicht da – soll das jeder wissen?

Sie sind auf Dienstreise, einer Weiterbildung oder im Urlaub? Im Geschäftsbereich ist eine automatische E-Mail-Abwesenheits-Benachrichtigung ein Muss. Diese wird auch Abwesenheits-Assistent oder Out of Office Reply genannt. Haben Sie keine Abwesenheits-Nachricht eingerichtet, führt das sehr häufig zu Ärger. Wie das?

Stellen Sie sich vor, Sie schreiben ein E-Mail und warten auf Antwort. Da diese nicht kommt, schreiben Sie ein zweites E-Mail. Noch immer passiert nichts. Sie greifen nun zum Telefon und erfahren, dass „der Kollege" auf Urlaub ist und Ihr E-Mail einfach bis zur Rückkehr liegen bleibt. Bis Sie diese Information erhalten, ist einige Zeit vergangen und mit einer hohen Wahrscheinlichkeit haben Sie sich zwischendurch schon geärgert.

Eine Studie aus dem Jahr 2015 hat die Abwesenheits-Benachrichtigungen von 150 Unternehmen in Österreich analysiert.[17] Eine wichtige Erkenntnis der Studienautoren von wortwelt® ist: Abwesenheits-Benachrichtigungen enttäuschen Erwartungen. Das ist vollkommen richtig. Sie schreiben ein E-Mail mit der Erwartung auf eine Lösung. Sie hoffen auf Unterstützung und wünschen sich eine rasche Antwort. Und dann – bekommen Sie eine Information, dass Sie warten müssen. Im besten Fall erfahren Sie noch, wer Ihnen stattdessen helfen könnte.

Ein interessantes Ergebnis der Studie war, dass sich bei den meisten Abwesenheits-Benachrichtigungen Floskeln und Rechtschreibfehler fanden.

Das sind die fünf am häufigsten verwendeten Floskeln:
- In dringenden Fällen wenden Sie sich/kontaktieren Sie ...
- Vielen Dank für Ihre Nachricht/E-Mail ...
- Ihr/e E-Mail wird nicht automatisch weitergeleitet ...
- Ich werde Ihre Nachricht nach meiner Rückkehr beantworten/bearbeiten ...
- Ich bin ab xx. xx. xxxx wieder erreichbar/im Haus ...

Eine optimal gestaltete Abwesenheits-Benachrichtigung enthält folgende Informationen:
- Eine Anfangs- und Schluss-Grußformel gehören dazu.
- Die wichtigste Information: *Wann sind Sie wieder zurück?*
- Gibt es eine *Vertretung* und wenn ja, wie heißt sie und wie ist diese zu erreichen? E-Mail-Adresse und Telefonnummer mit Durchwahl Ihrer Vertretung angeben.
- Zum Schluss unbedingt noch Ihren Namen und Ihre Signatur schreiben. Denn auch die Abwesenheits-Benachrichtigung ist ein geschäftlicher Kontakt und damit gelten die gesetzlichen Bestimmungen.
- Achten Sie beim Abwesenheits-Assistenten auf eine gut lesbare Struktur.
- Keine Rechtschreibfehler. Je kürzer der Text, desto negativer der Eindruck, den Grammatik- oder Rechtschreibfehler hinterlassen.
- Als Unternehmen haben Sie meist Vorgaben für ein einheitliches Auftreten nach außen. Dieses soll sich idealerweise auch in der Abwesenheits-Benachrichtigung widerspiegeln.

In den letzten Jahren hat es sich etabliert, dass der Anlass für die Abwesenheit nicht mehr genannt wird wie zum Beispiel Urlaub, Weiterbildung oder Krankenstand. Grund dafür sind einerseits Datenschutzbestimmungen und andererseits Sicherheitsaspekte.

Hier einige Beispiele, wie Sie Ihre Abwesenheits-Nachricht formulieren können:

■ Klassisch

Sehr geehrte Damen und Herren,
ich bin vom TT.MM. bis TT.MM.JJJJ nicht erreichbar. Ihr E-Mail wird nicht weitergeleitet und deshalb von mir ab dem TT.MM beantwortet werden. In dringenden Fällen hilft Ihnen gerne unser Service-Center weiter: *service@ website.com*, Tel. +43 999 12345–67.
Vielen Dank für Ihr Verständnis.
Herzliche Grüße
[Signatur]

Liebe Absenderin, lieber Absender,
ich bin derzeit unterwegs und habe nur eingeschränkten Zugriff auf meine E-Mails. Ab TT.MM.JJ bin ich wieder erreichbar und beantworte Ihr E-Mail. Bei dringenden Fragen wenden Sie sich einfach an meine Kollegin Margit Kunner, DW = 123, *margit.kunner@website.com*.
Beste Grüße
[Signatur]

- Kreativer

> Guten Tag und vielen Dank für Ihr E-Mail,
> ich bin ab dem TT.MM.JJJJ wieder für Sie erreichbar.
> Sie können oder möchten nicht so lange warten?
> Dann wenden Sie sich bitte an meinen Kollegen *ha-*
> *rald.muehler@website.com* oder per Telefon unter
> +43 999 12345–67.
> Freundliche Grüße
> [Signatur]

Abwe-
senheits-
netz

> Liebe Absenderin, lieber Absender,
> schön, dass Sie auch im Sommer an mich denken. Ich
> tanke gerade neue Energie und beantworte ab TT.MM.
> voll Schwung und Elan Ihr E-Mail. Wenn Sie nicht so lange
> warten möchten, dann hilft Ihnen gerne meine Kollegin
> Frau Hilfreich (*a.hilfreich@website.com* oder DW: 4711).
> Auch Ihnen eine wundervolle Sommerzeit
> Sommerliche Urlaubsgrüße
> [Signatur]

Haben Sie eine starke Marke? Oder einen Werbeslogan?
Oder einen Unternehmens-Slogan? Dann packen Sie diese
doch in Ihre Abwesenheits-Nachricht mit hinein.

Achten Sie darauf, dass Sie diesen Service immer aktivieren
und einen aktuellen Text formulieren, *wenn Sie länger als
einen Tag abwesend sind.*

Zusammenfassung – Trocken, aber notwendig – das Fahrgestell Ihres E-Mails

Die richtige Struktur entscheidet mit, ob der Leser ein E-Mail sofort liest und bearbeitet oder nicht.

» Eine richtig gestaltete E-Mail-Adresse schafft Vertrauen: *vorname.nachname@webseite.at*
» Nutzen Sie die Empfängerfelder *An, Cc,* und *Bcc,* konsequent und richtig.
» Formulieren Sie einen prägnanten Betreff, der zum Inhalt passt.
» Jedes Wort, jede Formulierung, jeder Satz sollte nachvollziehbar und passend für die Empfänger Ihrer E-Mails, für die Situation und für das Thema sein.
» Das Wesentliche schreiben Sie in die ersten sechs bis acht Zeilen, da diese häufig im Vorschaufenster gelesen werden.
» Gestalten Sie Ihre E-Mail-Signatur übersichtlich und rechtlich korrekt.
» Überlegen Sie genau, wann Sie Ihr E-Mail mit *Wichtig* oder einer *Lesebestätigung* versenden.
» Kündigen Sie Anhänge immer an und benennen Sie diese leserfreundlich.
» Der Abwesenheits-Assistent „beantwortet" Ihre E-Mails, wenn Sie nicht da sind.

V. Das K.I.S.S.S.S.®-
Prinzip beim Schreiben

Margit stürzt in das Büro von Harald. „Irgendwann bringen mich die E-Mails von Maier noch um den Verstand! Der schwafelt seitenlang etwas daher und am Ende habe ich keine Ahnung, was er eigentlich von mir will bzw. ob er überhaupt etwas will", beschwert sich Margit lautstark. Harald seufzt. „Ja, das kenne ich leider nur zu gut. Viel Wind und nichts dahinter. Aber sich dann aufregen, wenn keine Antwort kommt", murmelt er resigniert.

In der Werbung und im Marketing hat sich vor Jahren der Merksatz eingebürgert: Keep it short and simple. Diesen Merksatz haben wir für das Schreiben von E-Mails erweitert: K.I.S.S.S.S.® – *Keep It Short, Simple, Structured and Stimulating.*

Denn kurz und bündig allein reicht im E-Mail nicht, um sicherzugehen, dass Ihr Leser Ihr E-Mail richtig versteht, es rasch beantwortet und positiv in Erinnerung behält.

Zum Einstimmen in das K.I.S.S.S.S.®-Prinzip ein Beispiel aus dem Seminarraum:

Internes E-Mail von Kollege zu Kollege:

> „Hallo, bezugnehmend auf das Protokoll des letzten Meetings muss ich betonen, dass ich, wenn ich schon das Projekt AB übernehmen soll, unbedingt dabei Unterstützung

benötige, um den Qualitätsanforderungen gerecht zu werden und Fehler und Probleme aufzuzeigen. Unabdinglich ist vor allem, die Ziele und Nicht-Ziele entsprechend den Zertifizierungs-Kriterien herauszuarbeiten, selbstverständlich müssen wir uns bemühen, den Zeitrahmen einzuhalten, nur fällt der Start des Projektes genau auf die Messe in X und wir können deshalb leider erst verspätet starten. Ich frage mich schon, wie es zu diesem Starttermin kommen konnte, da ich im Meeting meiner Meinung nach deutlich betont habe, dass es hier zu einer Terminkollision kommen könnte, die nun ja auch leider tatsächlich eingetreten ist. Du musst das dann auch noch mit dem Kunden absprechen. Mfg, Kollege."

26. Short – in der Kürze liegt die Würze

Gerade von E-Mails wünschen wir uns, dass sie kurz und knackig sind und rasch auf den Punkt kommen. Wie schon erwähnt, wird die Anzahl der E-Mails auch in Zukunft weiter zunehmen und es bleibt jedem Einzelnen immer weniger Zeit, diese Flut an E-Mails zu bewältigen. Daher ist der Wunsch, rasch auf den Punkt zu kommen, nur allzu verständlich. Es gibt ein Phänomen beim Lesen von E-Mails, das wir leider häufig übersehen: Wie wir schon wissen, ist die Lesegeschwindigkeit am Bildschirm um 30 Prozent langsamer als auf dem Papier! Wir brauchen also um einiges länger, um einen Text am Monitor zu lesen. Mit langen Sätzen und umständlichen Formulierungen machen wir es unserem Leser noch schwerer zu verstehen, was wir ihm sagen wollen.

Das K.I.S.S.S.S.®-Prinzip beim Schreiben

Aus dem E-Mail-Alltag: Betreff: Katalog

„Sehr geehrter Kunde X,
In Beantwortung Ihrer Anfrage von letzter Woche, müssen wir Ihnen leider mitteilen, dass wir den neuen Katalog, den Sie bei uns angefordert haben, derzeit noch nicht bei uns auf Lager haben. Wir könnten Ihnen anbieten, dass wir Ihnen den Katalog voraussichtlich erst in rund vier Wochen schicken, da er zurzeit noch von der Druckerei überarbeitet und dann gedruckt werden muss. Wir würden uns sehr freuen, wenn Sie auch dann noch Interesse an Produkt XY haben. Wenn Sie uns ein E-Mail schicken oder uns anrufen, dann wissen wir Bescheid, ob Sie so lange warten möchten. Auch der alte Katalog ist leider nicht mehr verfügbar, da wir dazu große Nachfrage hatten.
In Erwartung Ihrer Antwort verbleiben wir mit freundlichen Grüßen"

So schaffen Sie es ganz einfach, Ihre E-Mails kurz zu schreiben:

- *Nutzen Sie eine aussagekräftige Betreffzeile.* Sie gibt dem Leser beim Überprüfen seines Posteinganges einen Überblick über die hereinkommenden E-Mails und hilft ihm bei der Entscheidung, welches E-Mail er zuerst liest.

- *Schreiben Sie sieben plus/minus zwei Wörter in einem Satz.* Je länger der Satz, desto länger brauchen Ihre Leser, um ihn zu verstehen. Ein Richtwert für die Satzlänge bei E-Mails sind fünf bis neun Wörter. Sätze in dieser Länge können rasch gelesen und damit verstanden werden. Ab fünfzehn Wörter in einem Satz wird der Inhalt schwer verständlich.

- *Fragen Sie jeden Beistrich, ob er lieber ein Punkt sein will.* Wir haben diesen Satz selbst in einem Schreib-

Das K.I.S.S.S.S.®-Prinzip beim Schreiben 103

training gehört. Seither zählt er absolut zu unseren Lieblingssätzen. Je verschachtelter Sätze sind, desto länger werden sie und desto schwieriger sind sie zu verstehen. Statt mit einem Beistrich einen Nebensatz zu beginnen, machen Sie doch gleich einen neuen Satz daraus. Ihr Leser wird Ihnen dankbar sein, wenn er am Monitor nicht endlos lange Schachtelsätze entziffern muss.

■ *Lassen Sie Wichtiges allein stehen – schreiben Sie es in eine Zeile.* Wenn Sie sichergehen wollen, dass Ihr Leser eine wichtige Information nicht übersieht, ist das hilfreich. Schaffen Sie vor und nach dieser Zeile Abstand durch eine Zeilenschaltung zum restlichen Text. So steht die wichtige Information nicht versteckt im Fließtext, sondern ist optisch hervorgehoben und kann nicht übersehen werden. Um eine Schauspielkollegin zu zitieren: „Die Pause macht das Drama."

■ *Prägnante und kurze Sätze entstehen durch das Weglassen von Füllwörtern.* Neigen Sie dazu, zu lange Sätze zu schreiben? Dann kann es hilfreich sein zu überprüfen, ob Sie Ihre Sätze durch Füllwörter unnötig verlängern.

Zu den Füllwörtern zählen Wörter wie: eigentlich – vielleicht – wahrscheinlich – normalerweise – grundsätzlich – unter Umständen – eventuell – an sich – an und für sich – nämlich – auch – dann – wirklich ...
Genaugenommen zählt dazu jedes Wort, das nicht sein muss.

■ *Machen Sie deutliche Absätze – spätestens nach drei bis vier Zeilen.* Das lockert Ihr E-Mail nicht nur optisch auf, sondern lässt es auch kürzer und übersichtlicher erscheinen. Nichts schreckt Ihren Leser mehr ab als ein Monitor voll Text, von oben bis unten ohne Absatz, in einer langen Wurst. Beim Leser entsteht bei langen E-Mails die Befürchtung, viel Zeit für das

Das K.I.S.S.S.S.®-Prinzip beim Schreiben

Lesen zu brauchen und damit sinkt gleichzeitig die Motivation.

- *Kurze Sätze wirken dynamischer und plakativer.* Die Satzlänge hat sich in den letzten Jahrhunderten drastisch verkürzt.[18]
Durchschnittliche Anzahl der Wörter pro Satz in einem Buch:
17. Jahrhundert: 36,3 Wörter
18. Jahrhundert: 26,2 Wörter
19. Jahrhundert: 23,4 Wörter
20. Jahrhundert: 19,3 Wörter
21. Jahrhundert: 16,3 Wörter

27. Simple – ist nicht einfach ...

Simple schreiben heißt einfach schreiben, verständlich schreiben, übersichtlich schreiben. Unsere Seminarteilnehmer äußern häufig die Befürchtung, dass ihre E-Mails dann banal klingen oder der Empfänger das Gefühl hat, man hält ihn für dumm. Unserer Erfahrung nach gibt es einen großen Unterschied zwischen einfach, im Sinne von verständlich, schreiben und banal schreiben. Je einfacher wir schreiben, desto schneller kann unser Leser verstehen, was wir von ihm wollen. Wir unterstellen dem Leser damit auf keinen Fall, dass er zu dumm wäre, eine komplizierte Formulierung zu verstehen.

So schreiben Sie einfach zu verstehende E-Mails:
- *Verwenden Sie Wörter aus der Alltagssprache.* Schon Gotthold E. Lessing sagte: „Schreibe wie du redest, so schreibst du schön!" Damit können Sie sicher sein, dass Ihr Leser Sie versteht. Schreiben Sie so, als ob Sie mit der Person direkt sprechen würden. Verstecken Sie

sich nicht hinter Floskeln, die Sie nur in der schrift-
lichen Korrespondenz verwenden. Überlegen Sie, wie
Sie Ihr Anliegen der Person sagen würden. So können
Sie sich von Floskeln lösen und der Leser versteht Sie
damit meist auch besser.

Aus dem E-Mail-Alltag: Ein Klassiker ist der Satz: „Wir lassen Ihnen ein Angebot zukommen." Das klingt verstaubt,
veraltet, langsam, unwillig und mühsam. Viel schöner ist es,
wenn wir lesen: „Sie erhalten dazu gerne ein Angebot von
uns."

- *Vermeiden Sie Fremdwörter und Fachbegriffe.* Diese
  machen es dem anderen mitunter nicht leicht, zu verstehen was Sie meinen. Außerdem besteht bei Fach-
  begriffen die Gefahr, dass Ihr Leser den Begriff nicht
  kennt – und dann fühlt er sich erst recht dumm. Was
  Sie sicher nicht wollen, oder? Wenn Fachbegriffe notwendig sind, erklären Sie diese.
- *Trennen Sie lange Wörter durch Bindestrich.* In der
  deutschen Sprache können Hauptwörter beinahe beliebig lange zusammengesetzt werden. Denken Sie nur
  an das Donaudampfschifffahrtsgesellschaftskapitäns-
  kajütentürschloss. Solche Wortmonster reduzieren die
  Lesegeschwindigkeit des Lesers und damit häufig das
  Verstehen. Auch wenn es nicht immer den Vorgaben
  des Duden entspricht, trennen Sie lange Wörter mit
  Bindestrich und machen Sie es damit einfacher zu verstehen, was Sie sagen wollen, das gilt vor allem für die
  E-Mail-Kommunikation.
- *Vermeiden Sie Abkürzungen.* FYI (for your information) oder ASAP (as soon as possible) kennen nicht alle
  Menschen. Dazu kommt, dass manche Abkürzungen
  nur innerhalb des Unternehmens bekannt sind, außer-
  halb des Unternehmens aber vielleicht unbekannt sind

oder etwas anderes bedeuten. Dann kommt es zu Verwirrung oder gar Missverständnissen, die nicht notwendig sind.

- *Verwenden Sie eine konkrete und anschauliche Sprache.* Das erreichen Sie, indem Sie keine abstrakten Hauptwörter verwenden. Damit sind Wörter mit den Endungen -heit, -keit, -ung, -ismus gemeint. Dabei wird aus einem Zeitwort durch das Anhängen der erwähnten Endungen ein Hauptwort gemacht. Je mehr dieser Verhauptwortungen in einem Text verwendet werden, desto sperriger und unverständlicher wird der Text.

Aus dem E-Mail-Alltag: „Zur Fristwahrung genügt die rechtzeitige Absendung des Widerrufs." Stattdessen können Sie schreiben: „Um die Frist zu wahren, schicken Sie den Widerruf bitte rechtzeitig ab." Welchen dieser Sätze verstehen Sie leichter? Statt „Wir bitten um Benachrichtigung" schreiben Sie besser: „Danke, dass Sie uns benachrichtigen."

- *Nutzen Sie aktive Verben = TUN-Wörter.* Aktive Verben lassen beim Leser konkrete Bilder im Kopf entstehen. Sie machen es damit leichter zu verstehen, was Sie meinen oder wollen.

Aus dem E-Mail-Alltag: Statt: „Wir benötigen die unterfertigten Unterlagen ehestmöglich" können Sie schreiben: „Bitte schicken Sie uns die Unterlagen unterschrieben bis zum ..."

Ein Fundstück aus einer Zeitung: „*Derjenige, der den, der den Pfahl, der an der Brücke, die an dem Wege, der nach Bracke führt, liegt, steht, umgeworfen hat, anzeigt, erhält eine Belohnung von 100,00 Euro.*"

Auch wenn Sie es sich nicht vorstellen können, dieser Satz ist grammatikalisch vollkommen korrekt. Möchten Sie versuchen, diesen Satz zu vereinfachen? Viel Spaß damit.

Ein weiteres Fundstück aus der Stadt Klagenfurt: *„Zum Schutz des ökologischen Gleichgewichts der Uferzonen der Wörthersee-Ostbucht, zur Vorbeugung gegen die Ausbreitung von Tierkrankheiten und zur Erhaltung der Tiergesundheit sowie im Interesse Ihrer eigenen Gesundheit und Sicherheit ist die Fütterung der Wasservögel verboten."*

Möchten Sie versuchen, diesen Satz zu vereinfachen? Viel Spaß damit.

Beide Lösungen dafür finden Sie im Anhang auf Seite 201.

28. Structured – Struktur schafft Ordnung

Wie eine gute Geschichte besteht ein E-Mail aus drei Bereichen: Einleitung, Hauptteil und Schluss. Ihr Leser kennt und erwartet diese Struktur, da sie ihm hilft, sich rasch in Ihrem E-Mail zurechtzufinden.

Einleitung: Die Begrüßung und Anrede

Anrede und Schlussformel gehören auch in E-Mails zum guten Ton. Beachten Sie bei der Anrede, dass Menschen sehr empfindlich reagieren, wenn ihr Name falsch geschrieben wird. Viele Kunden und Seminarteilnehmer erzählen, dass sie aufgrund des falsch geschriebenen Namens Angebote oder Aktionen von Firmen nicht lesen und somit nicht annehmen.

Abhängig davon, wie gut Sie Ihren Empfänger kennen, können Sie eine der folgenden Anreden verwenden:

Das K.I.S.S.S.S.®-Prinzip beim Schreiben

Per Sie (mit absteigender Förmlichkeit)	Per Du
Sehr geehrter Herr .../Sehr geehrte Frau ..., Guten Tag ..., Grüß Gott ..., Guten Morgen ...,	Liebe Vorname,/Lieber Vorname, Hallo..., Servus..., Grüß dich...,
Schönen Nachmittag ..., Liebe Frau .../Lieber Herr ..., Hallo Herr .../Hallo Frau ..., Grüezi Herr .../Grüezi Frau ...,	Hi ..., Hallihallo ..., Moin Moin, ...

Nutzen Sie den regionalen Charme! Gerade in der Gruß-formel zeigen sich stark die regionalen Unterschiede und Mentalitäten. Während in Westösterreich ein E-Mail unter Geschäftspartnern in der gleichen Region mit einem „Grias di" oder „Servus" vollkommen normal ist, kann diese Begrüßung bei einem Wiener auf großes Unverständnis stoßen oder auch als charmant empfunden werden. Das norddeutsche „Moin Moin" ist auch eine Begrüßung, die eher regional gehalten werden sollte.

Obwohl wir in Deutschland, Österreich und der Schweiz eine gemeinsame Sprache sprechen, sind die regionalen Unterschiede mit ihren Dialekten und die Verwendung und Aussprache sehr unterschiedlich.

Beistrich oder Rufzeichen? Ein Diskussionspunkt in vielen unserer Seminare ist die Frage: Schreiben wir nach der Anrede ein Rufzeichen oder einen Beistrich?

Korrekt ist es, nach der Anrede einen Beistrich zu setzen. Nach dem Beistrich beginnt die nächste Zeile klarerweise klein, außer das erste Wort ist ein Hauptwort. Zwischen der Anrede und dem folgenden Text kommt eine Leerzeile. (DIN 5008).[19]

Ein Rufzeichen nach der Anrede wirkt laut und schreiend – und auch veraltet. Kurz: Das E-Mail wird durch das Rufzeichen zum persönlichen Angriff – zum Affront.

Aus dem E-Mail-Alltag: Das Rufzeichen war tatsächlich das Thema in einem Konfliktcoaching zwischen der Zentrale in Österreich und einer Niederlassung in Deutschland. Die Kollegen in Deutschland fühlten sich von den E-Mails aus der Zentrale „angeschrien" und unter Druck gesetzt. Dadurch wurde die Stimmung schlechter und die Zusammenarbeit schwieriger – bis ein Konfliktcoaching die Ursache ans Tageslicht brachte. Es war wie so oft eine simple Ursache, in diesem Fall das Rufzeichen!

S.g. Fr. oder Sehr geehrte Frau? Gerade für die Anrede gilt: Verwenden Sie keine Abkürzungen. S.g. Fr. oder S.g. Hr. ist absolut verpönt und signalisiert dem Leser schon bei der Anrede, dass ich mir keine Zeit für ihn nehme. Nach DIN 5008 wird die Anrede immer ausgeschrieben.

Spiegeln Sie die Förmlichkeit der Anrede: Sie haben ein E-Mail von einem Neukunden oder Interessenten erhalten? Dann spiegeln Sie die Förmlichkeit seiner Anrede wieder. Steht im E-Mail „Hallo Frau Kunner" als Anrede, ist es in Ordnung, wenn Sie in der Antwort ebenfalls „Hallo Herr Kunde" in der Anrede schreiben. Der Kunde mag es scheinbar salopper.

Lesen Sie im E-Mail „Sehr geehrter Herr Mühler", ist es besser, ebenfalls so zu antworten, um die Höflichkeit und Förmlichkeit zu wahren.

Sind Sie sich bei der Anrede unsicher, wählen Sie eher die förmlichere Variante, das wirkt auf jeden Fall besser, als zu vertraulich oder zu salopp zu klingen.

Woran erkennen Sie einen sich anbahnenden Konflikt? Sie erhalten ein E-Mail von jemandem, mit dem Sie bisher immer per „Lieber ..." geschrieben haben. In diesem E-Mail werden Sie plötzlich mit „Sehr geehrte Frau .../Sehr geehrter Herr ..." angesprochen. Durch diesen Wechsel in der Förmlichkeit der Anrede zeigen viele Menschen ihren Unmut oder einfach auch eine gewisse Distanz, die entstanden ist. Dieser Wechsel kann den Empfänger natürlich verunsichern oder auch verärgern. Auf jeden Fall sollten Sie diese Veränderung ernst nehmen und am besten telefonisch oder in einem persönlichen Gespräch klären.

Mehrere Personen in einem E-Mail anschreiben: Wir werden im Seminar häufig gefragt, wie man die Anrede gestaltet, wenn ein E-Mail an mehrere Personen gleichzeitig verschickt wird.

- *Anrede bei unterschiedlicher hierarchischer Position:* Bei unterschiedlichen Hierarchiepositionen wird immer zuerst die Person in der höheren Position genannt – unabhängig davon, ob es eine Frau oder ein Mann ist.

Beispiel: Vorstand plus-Führungskräfte	Beispiel: Abteilungsleiterin plus Teamleiter
Sehr geehrter Herr Vorstand ..., sehr geehrte Frau Prokurist ..., sehr geehrte Führungskräfte,	Liebe ..., liebe Kolleginnen und Kollegen,

Anrede

- *Anrede bei gleicher hierarchischer Position (bis drei Personen):* Wird das E-Mail an zwei oder drei Personen geschickt, sprechen Sie diese namentlich an. Befinden sich die Empfänger in der gleichen Position, dann erfolgt die Reihung am besten alphabetisch.

bis 3

Unser Tipp dazu

Beachten Sie diese Reihenfolge der Anrede auch im An-Feld.

■ Wer sich am Knigge orientieren möchte: Sie können selbstverständlich zuerst die Frau ansprechen.

Sehr geehrte Frau *B*, sehr geehrter Herr *A*,

Häufig sieht man folgende Schreibweise:

Sehr geehrter Herr *A*, sehr geehrter Herr *B*,

Gerne untereinander

Allerdings wirkt es wesentlich eleganter und übersichtlicher, wenn Sie die Anreden untereinander schreiben, insbesondere dann, wenn es sich um längere Namen oder Doppelnamen handelt.

■ *Anrede bei größerer Gruppe (mehr als drei Personen):* Schicken Sie das E-Mail an eine größere Gruppe, empfehlen wir, eine neutrale Anrede wie „Guten Tag" zu verwenden. Seien Sie sich jedoch bewusst, dass diese Form der Anrede etwas unpersönlich wirkt. Oder Sie schreiben die Gruppe mit einem „Überbegriff" an.

Mehr als 3

Guten Tag,
Guten Morgen,
Hallo alle miteinander,
Schönen Nachmittag,

Liebes Team,
Liebe Kolleginnen und Kollegen,
Liebe Führungskräfte,
Liebe Projektgruppe,

Das K.I.S.S.S.®-Prinzip beim Schreiben

Österreich-Special: vom Doktor bis zum Hofrat

In unseren Seminaren in Österreich ist das ein besonders nachgefragtes und viel diskutiertes Thema: Wie verwende ich korrekt akademische Titel in E-Mails?

Zuerst dazu eine kurze Klarstellung: Umgangssprachlich werden akademische Grade häufig als Titel bezeichnet (Magistertitel, Doktortitel etc.). Korrekt handelt es sich dabei aber um akademische Grade.

Diesen erlangt man durch den Abschluss eines Studiums an einer Universität, einer Fachhochschule, einer Pädagogischen Hochschule etc. Seit der Einführung des Bologna-Systems gibt es nicht mehr zwei, sondern drei Stufen:

- Bachelor/BA
- Master/MA
- Doctor of ... (Doktorat)

Die neuen Grade werden immer nach dem Namen geschrieben. Ob man den Grad mit oder ohne Punkt schreibt, hängt von der jeweiligen Hochschule ab, die ihn verliehen hat.

Vor den Namen schreiben Sie weiterhin die früheren Diplom-, Magister- und Doktorgrade. *Nach* der Abkürzung folgt ein Punkt. Nur nach DI für „Diplomingenieur" folgt kein Punkt.

Die alten Grade können in Österreich auch gegendert werden (Frau Mag.[a], Frau DI[in], Frau Dr.[in])

Besitzt jemand *mehrere Grade*, unabhängig ob verliehen oder erworben, wählt man für die Anrede in E-Mails den höchsten akademischen Grad.

Die Österreicher mögen ihre Titel. Es ist immer noch üblich und wird geschätzt, mit dem akademischen Grad angesprochen oder angeschrieben zu werden. In Deutschland werden Grade, wenn überhaupt, erst ab dem Doktor angeführt.

Die neuen Grade, also BA, MA, PhD, werden im E-Mail in der Anrede nicht genannt!

Falls Sie mit dem E-Mail einen Brief, ein Angebot oder eine Rechnung mitschicken, ist selbstverständlich der korrekte akademische Grad im Briefkopf anzuführen.

Eine aktuelle Übersicht über die akademischen Grade finden Sie auf unserer Website im Download-Bereich auf *www.konfliktfalle-e-mail.at.*

Hauptteil – So strukturieren Sie Ihren Text

Bei unserer Erhebung „Was stört uns bei E-Mails" ist der am häufigsten genannte Punkt: zu lange E-Mails, die unübersichtlich und unstrukturiert sind. Es ist mühsam, diese zu lesen, das Wesentliche zu erkennen und festzustellen, was der Absender von uns will oder uns damit sagen möchte.

- *Schreiben Sie die wichtigsten Informationen in den ersten acht Zeilen Ihres E-Mails.* Diese acht Zeilen werden in den meisten E-Mail-Programmen im Vorschau-Fenster angezeigt. Das ermöglicht Ihrem Leser rasch zu erkennen, worum es in Ihrem E-Mail geht und ob er es rasch beantworten kann oder sich dafür Zeit nehmen muss.

- *Geben Sie einen kurzen Überblick und gehen dann ins Detail.* „Ich möchte zwei Fragen mit Ihnen klären." „Diese drei Punkte sind vom letzten Meeting noch offen: ..." „Beim Projekt XY sind noch folgende Themen zu entscheiden."

- *Strukturieren Sie mit Überschriften.* Die Überschriften helfen Ihrem Leser, sich einen raschen Überblick über den Inhalt Ihrer Nachricht zu verschaffen. So kann er beim ersten Querlesen schon erahnen, worum es geht, und sich auf den Inhalt einstellen.

- *Achten Sie auf eine einheitliche Schrift, Farbe und Größe.* Unterschiedliche Schriftarten und Größen wirken unordentlich und können verwirren. Vor allem, wenn Sie Text-Bausteine aus anderen Doku-

Das K.I.S.S.S.S.®-Prinzip beim Schreiben

menten oder E-Mails verwenden, achten Sie auf eine einheitliche Schriftart.

- *Strukturieren Sie durch Nummerierungen oder Aufzählungszeichen.* Gerade im E-Mail schaffen Punktelisten oder Aufzählungen den Eindruck eines gut strukturierten Textes, der rasch vom Leser verstanden wird. Verwenden Sie jedoch kein Minus-Zeichen, das wirkt negativ. Am besten ist es, Sie verwenden Aufzählungszeichen Ihrer Tastatur. So stellen Sie sicher, dass die Aufzählung auch beim Leser, der eine NUR-TEXT-Einstellung hat, gesehen wird. Die im Office Paket angebotenen Aufzählungszeichen werden nur in der HTML-Ansicht angezeigt.

  » Sie können Symbole wie * + # . @ > verwenden,
  » diese auch mit Klammer kombinieren *) +) #) .) @) >)
  » Sie können mit Zahlen strukturieren: 1. 2. 3. / 1.) 2.) 3.)
  » oder auch Buchstaben nutzen: a) b)
  » und natürlich mit Pfeilen arbeiten -> oder -->.

- *Nutzen Sie bei Hervorhebungen nur einen Stil.* Bedenken Sie, dass fette, kursive, unterstrichene oder farbliche Hervorhebungen nur bei HTML-Empfang sichtbar sind. Heben Sie einzelne Wörter, die wichtig sind und nicht übersehen werden sollen, hervor. Entschließen Sie sich nur für eine Form: **fett**, *kursiv* oder <u>unterstrichen</u>. Wenn Sie gleichzeitig unterschiedliche Hervorhebungen verwenden, geben Sie den Inhalten unterschiedliche Bedeutungen. Sie liefern im E-Mail aber keine Erklärung mit, welche Hervorhebung welche Bedeutung hat.

- *Strukturieren Sie mit Absätzen.* Wie Sie es schon bei Short gelesen haben, sind Absätze hilfreich, ein E-Mail zu strukturieren und übersichtlicher zu gestalten. Machen Sie spätestens nach vier Zeilen einen Absatz.

Das Beste kommt zum Schluss: die Grußformel

Eine Grußformel als Verabschiedung gehört einfach zu einem gelungenen E-Mail. Wenn Sie Abkürzungen in der Grußformel verwenden, wirkt es, als würden Sie sich keine Zeit für das Verabschieden nehmen – so als ob Sie im persönlichen Gespräch wortlos oder schon mit der Tür in der Hand noch rasch „Tschüss" in den Raum rufen.

In unseren Seminaren wird immer sehr emotional darüber diskutiert, wie ärgerlich es ist, wenn es gar keine Grußformel gibt oder wie sehr eine Abkürzung bei der Grußformel stört. Gerade bei der internen Kommunikation werden diese Abkürzungen verwendet, um „Zeit zu sparen" – damit wird jedoch der Eindruck vermittelt „Für dich nehme ich mir nicht einmal dafür die Zeit".

Kürzen Sie auf keinen Fall Ihren Namen ab.

Weit verbreitet sind Abkürzungen der Grußformeln wie MFG (mit freundlichen Grüßen), LG (Liebe Grüße), VLG (Viele liebe Grüße) oder auch BG (Beste Grüße).

Auch wenn Ihr E-Mail kurz und bündig geschrieben ist, für einen ausgeschriebenen Gruß ist immer Zeit und Platz.

Eine besonders beliebte Grußformel ist nach wie vor *„Mit freundlichen Grüßen"*.

Dies ist ein Überbleibsel aus der antiquierten Formulierung: „Ich verbleibe mit freundlichen Grüßen". Das „Ich verbleibe" wurde ersatzlos gestrichen, übrig blieb „Mit freundlichen Grüßen".

Laut DIN 5008 ist diese Formulierung weiterhin akzeptiert, empfohlen werden jedoch modernere und zeitgemäßere Alternativen. Vermeiden Sie Null-Acht-Fünfzehn-Verabschiedungen, nutzen Sie aktuelle Bezüge für einen Schluss mit individueller Note.

Das K.I.S.S.S.S.®-Prinzip beim Schreiben

Freundliche Grüße	Gute Besserung
Herzliche Grüße/Herzlichst	Alles Gute weiterhin
Beste Grüße	Einen guten Start in die Woche oder ins Wochenende
Liebe Grüße/Lieber Gruß	Ein tolles Wochenende
Sonnige Grüße	Ein schönes Wochenende
Winterliche Grüße nach Salzburg	Eine tolle Woche
Schöne Grüße aus Bregenz	Noch eine erfolgreiche Woche
... in diesem Sinne schöne Grüße	Ich freue mich auf (ein Wiedersehen, auf das Treffen etc.)
Alles Gute und viele Grüße	Viel Erfolg
Sommerliche Grüße	Wir freuen uns auf Sie und wünschen Ihnen eine gute Anreise.
Verschneite Grüße	Energiegeladene Grüße
Herbstliche Grüße	Vorweihnachtliche Grüße

 Tipp

Diese Grußformeln können Sie beliebig kombinieren und ergänzen z.B. mit Ihrem Wohnort (Herzliche Grüße aus Wien) oder dem Wohnort des Empfängers (... nach Berlin). Wenn Ihnen der Empfänger von einer bevorstehenden Reise nach Rom erzählt hat, können Sie das in Ihrer Grußformel aufgreifen: „Herzliche Grüße und schöne Reise nach Rom."

Verwenden Sie gerne auch regionale Grußformeln, das macht Ihr E-Mail persönlicher: Ciao, Adio, Servus, Pfiat di, Gruezzi, Auf Wiedaluaga und Tschüs/Tschüss. Sie ist wie eine persönliche Unterschrift. Viele unserer Newsletter-Abonnenten berichten uns, dass sie immer wieder neugierig sind, welchen Gruß wir im aktuellen Newsletter schicken.

Eine wechselnde Grußformel ist ein Zeichen der Aufmerksamkeit und der Wertschätzung dem Empfänger gegenüber. Dieser letzte positive und individuelle Eindruck in Ihrem E-Mail bleibt besonders in Erinnerung.

Sie hinterlassen dadurch einen guten Eindruck und gewinnen mit wenig Aufwand Sympathie – im besten Fall ein kleines Lächeln. Nun beantwortet Ihr Empfänger das E-Mail gleich in einer positiveren Stimmung (Sie erinnern sich an den Backofen-Effekt?).

29. Stimulating – was das Lesen angenehm macht

Stimulating bedeutet, dass wir gerne etwas Stimulierendes, etwas Anregendes, etwas Positives, etwas lebendig Geschriebenes lieber lesen als langweilige, verstaubte und fade Sätze. Wenn wir unsere Sachverhalte, Meinungen und Ansichten „zum Anfassen und Begreifen" schreiben, entsteht beim anderen ein Bild, das meist besser verstanden wird.

Los geht's mit einem positiven ersten Satz

Was bewirkt das? Sie lösen damit bei Ihrem Leser einen positiven Reiz in seinem Gehirn aus – das nennt man auch *Priming*[20].

Machen Sie bei dem folgenden kleinen Experiment einfach mit, dann verstehen Sie sofort, was Priming macht:

„Stellen Sie sich vor, Sie gehen mit einem Freund oder einer Freundin in Ihr Lieblingsrestaurant etwas essen. Sie sitzen an Ihrem Lieblingstisch und studieren die Speisekarte. Stellen Sie sich diese Situation bildlich vor. Nun vervollständigen Sie dieses Wort:

_ _ p p e

Sehr wahrscheinlich ist Ihnen jetzt das Wort S u p p e eingefallen.

Nun stellen Sie sich lebhaft vor, Sie beobachten Kinder beim Spielen mit ihren Spielsachen. Nun vervollständigen Sie bitte dieses Wort:

_ _ p p e

Vermutlich haben Sie an P u p p e gedacht.

Wie funktioniert das? Ganz einfach – mit dem Bild Ihres Lieblingsrestaurants und dem Wort essen, haben wir Sie auf Essen geprimt. Suppe können Sie essen. Beim Bild der spielenden Kinder haben wir Sie auf Spielsachen geprimt und damit kommt Ihnen die Puppe in den Kopf.

Ein positiver erster Satz in Ihrem E-Mail sorgt dafür, dass Ihr Leser die anschließenden Informationen mit einer „positiven Brille" weiterliest. Sie primen damit eine positive Stimmung.

mit positive Gustes "primen"

Was kann alles in einem positiven ersten Satz stehen?

- Ein „Danke für …" passt fast immer.
- Wie schön, wieder von Ihnen zu lesen …
- Danke, dass Sie sofort geantwortet haben …
- Ich konnte Ihre Anfrage positiv erledigen …
- Ihre Nachricht hat uns sehr gefreut …
- Ich hoffe, Sie hatten ein schönes und erholsames Wochenende …

Beispiel

Tipp
Es geht noch viel individueller. Lassen Sie Ihrer Fantasie freien Lauf, wenn es darum geht, Wertschätzung oder auch Anerkennung auszudrücken.
Und noch eins: Kommen Sie bei aller Freundlichkeit inhaltlich auf den Punkt!

Ihre Worte haben Wirkung

E-Mails schreiben Sie mit Worten. Worte haben Wirkung!

Wir spüren täglich in unseren Gedanken, Gefühlen, in unserem Körper und Verhalten die positive oder negative Wirkung von Worten.

Es gibt Worte oder Wörter, die den Leser in Bruchteilen von Sekunden verärgern. Wir nennen diese Wörter auch liebevoll „Reizwörter". Diese werden vom Leser als negativ, abwertend, irritierend oder zynisch empfunden und dadurch wird der gesamte weitere Inhalt des E-Mails negativ interpretiert. Hier wirkt das vorhin beschriebene Prinzip des Priming.

Vermeiden Sie Reizwörter und negative Formulierungen

„Schreiben ist leicht. Man muss nur die falschen Wörter weglassen, bringt Mark Twain einen wichtigen Anspruch auf den Punkt.

Sie werden gleich entdecken, dass es gar nicht so viele Worte gibt, die eine negative Wirkung oder einen Widerspruch bei anderen erzeugen. Diese werden jedoch gerne verwendet.

Die Wörter	und ihre Wirkung
Ich muss	Dadurch wirke ich wenig kompetent, denn ich bin scheinbar fremdbestimmt. Ein anderer Eindruck ist, ich bin gezwungen es zu tun und mag nicht.
Sie müssen	Das Wort „müssen" übt hier Druck auf den anderen aus. Druck erzeugt immer Gegendruck und wenig Freude oder Engagement, sondern Widerspruch.
Warum? Wieso? Weshalb?	Diese Fragen kommen vor allem in der internen Kommunikation vor. Sie werden auch gerne von Kunden gestellt, wenn etwas nicht passt. Wir empfinden diese Frageworte als Vorwurfs- oder auch Verhörfragen.
Problem	Wenn es ein Problem gibt, dann funktioniert etwas nicht. Wir haben sofort ein negatives Bild oder Gefühl bei diesem Wort.
nur	Dieses Wort schränkt ein und macht alles danach Geschriebene in seiner Wirkung klein. Es kann dadurch negativ oder positiv wirken. „Ich kann Ihnen nur diese Lösung anbieten." „Es dauert nur zwei Minuten."
erst	Erst bedeutet „so spät" oder auch „danach". „Ich kann es Ihnen erst morgen schicken." „Ich komme erst nächste Woche dazu, das XY zu machen."
Fehler	Ein „Fehler" ist seit unserer Schulzeit negativ besetzt.

nie/immer	Diese Generalisierungen lassen uns keinen Spielraum. Dadurch wecken Sie Widerstand oder den Wunsch nach Rechtfertigung.
versuchen/ probieren	Versuchen Sie bitte, einen Stift in die Hand zu nehmen. Ist es Ihnen gelungen? Dann haben Sie es nicht versucht, sondern getan. Diese Worte beinhalten das mögliche Scheitern und signalisieren, dass das Ergebnis unsicher ist.
Bemühen/Mühe	Diese Worte wirken schwer, behäbig und wenig engagiert.
leider	Das Wort leider soll Bedauern ausdrücken, es wird häufig einfach als Füllwort genutzt.
darf, dürfen	Damit bitten wir den anderen um Erlaubnis. Das wirkt wenig kompetent und unsicher.
Negationen: nie, nicht, kein	Negativformulierungen können sehr missverständlich sein, mit ihnen richten wir die Aufmerksamkeit genau auf das, was wir nicht können, nicht wollen, nicht dürfen. „Wir können Produkt XY nicht mehr liefern." „Da kann ich Ihnen leider nicht mehr weiterhelfen."

Durch die bewusste Entscheidung, positive Worte und Formulierungen zu verwenden, verstehen Ihre Leser Sie besser. Sie wirken kompetenter, aktiver, engagierter und lösungsorientierter.

Wir alle wissen, dass es nicht möglich ist, nicht an etwas zu denken. Denken Sie bitte nun nicht – es ist wirklich wichtig, dass Sie es nicht tun – an ein rosarotes Nilpferd. Stellen Sie sich nicht vor, dass es eine blaue Masche zwischen den

Das K.I.S.S.S.S.®-Prinzip beim Schreiben

Ohren trägt. Und? Ist es Ihnen gelungen, nicht an das Nilpferd zu denken?

Woran liegt das? Unser Gehirn gibt den einzelnen Wörtern eine Bedeutung, um die Aussage zu verstehen. Wörter, die Bilder in unserem Kopf erzeugen, werden schneller verarbeitet. Unser visuelles Verarbeitungszentrum ist viel älter und fitter, denn wir sehen länger, als wir sprechen und schreiben. Deshalb ist zuerst das Bild in unserem Kopf, die „nicht"-Information einfach zu spät; das Nilpferd ist schon in unserem Bewusstsein.

Sie kennen sicher Sätze wie: „Ärgere dich doch nicht so darüber." Der Ärger ist ab diesem Moment in Ihrem Kopf und geht nicht mehr weg – er bleibt einfach da.

Beispiel

statt negativ	besser positiv
Vergessen Sie bitte nicht, die Unterlagen für das Seminar mitzunehmen.	Denken Sie bitte daran, die Unterlagen für das Seminar mitzunehmen.
Leider können wir Ihnen diesen Artikel nicht mehr anbieten.	Diesen Artikel haben wir durch ein neueres Modell ersetzt. Dieses bieten wir Ihnen gerne (zum Kennenlern-Preis) an.
Unsere Filiale ist Freitagnachmittags geschlossen.	Unsere Filialen haben von Montag früh bis Freitagmittag für Sie geöffnet.
Das schaffe ich heute nicht mehr.	Ich schaue mir das gleich als Erstes morgen früh an.
Wenn Sie nichts dagegen haben ...	Wenn Sie damit einverstanden sind ...
Kommen Sie bitte nicht zu spät zum Meeting.	Kommen Sie pünktlich zum Meeting.
Das ist kein Problem.	Das mache ich gerne/selbstverständlich für Sie.

Füllwörter loswerden

Füllwörter füllen den Kopf und blähen die Sprache auf. Beim Sprechen nutzen wir diese Füllwörter sehr oft, um währenddessen unsere Gedanken zu strukturieren oder nach Worten zu suchen.

Im E-Mail verwässern Füllwörter die Aussage und erschweren das Lesen und Verstehen. Sie relativieren, was danach kommt.

„Grundsätzlich bist du ein netter Mensch", verrät, dass sie das Gegenüber nicht nett finden. Sie schwächen mit Füllwörtern ihre Aussage ab: „Eigentlich ist es dringend." Sagt aus, dass es nicht unbedingt notwendig ist.

Dies ist eine kleine Sammlung von Füllwörtern. Markieren Sie ruhig Ihre Lieblingsfüllwörter:

> also, an und für sich, auf alle Fälle, beinahe, betreffend, bezüglich, daher, dadurch, deswegen, doch, eigentlich, einigermaßen, erheblich, etwa, fast, fortwährend, fraglos, freilich, ganz gewiss, ganz und gar, gänzlich, gelegentlich, generell, gerade, gewissermaßen, grundsätzlich, im Prinzip, in etwa, in gewisser Weise, in der Regel, jede, kaum, letzten Endes, letztendlich, maßgeblich, mehrere, meist, möglicherweise, mutmaßlich, nichts desto trotz, normalerweise, offenbar, offenkundig, oft, relativ, sogleich, sozusagen, überhaupt, ungefähr, ursprünglich, vergleichsweise, viele, vielfach, vielleicht, wahrscheinlich, wenige, wenigstens, zunächst, zweifellos, zweifelsohne

Der Konjunktiv als Möglichkeitsform oder als Weichmacher

„Wenn ich könnte, wie ich wollte, dann würde ich auch tun, wie ich dürfte." Der Konjunktiv oder die Möglichkeitsform

Das K.I.S.S.S.S.®-Prinzip beim Schreiben

hat in unserer Sprache die Funktion, etwas auszudrücken, was nicht eindeutig ist. Konjunktive verwenden wir für Situationen, die nicht real, sondern nur möglich sind. Dies kann zum Beispiel etwas sein, das wir uns nur vorstellen oder wünschen. Oder wir wiederholen eine Äußerung, von der wir nicht wissen, ob sie wahr ist oder nicht.

Den sogenannten *Höflichkeitskonjunktiv* kennen wir alle aus verschiedenen Situationen: „Könnte ich bitte zahlen?" „Würden Sie mir noch ein Glas Wasser bringen?" „Dürfte ich Sie fragen …"

Klarer formuliert klingen diese Sätze so: „Wir wollen bitte zahlen." „Bringen Sie mir bitte noch ein Glas Wasser." „Ich habe eine Frage an Sie."

Schwierig sind auch folgende Konjunktivformen: „Hätte ich doch bloß …"; „Wäre ich nur früher …" – hier ist das Augenmerk auf die *Vergangenheit* gerichtet. Häufig sind diese Sätze mit Selbstvorwürfen verbunden und wir beschäftigen uns mit Dingen, die wir nicht mehr ändern können.

Druck für uns selbst oder andere erzeugen wir mit der Formulierung „Ich sollte mal wieder …"; „Wir sollten mehr …"; „Du solltest besser/weniger …"; „Da müsste ich nachfragen …".

Durch das Verwenden von Konjunktiven glauben wir, uns nicht festlegen zu müssen. Wir bringen unsere Ideen „höflich" ein und hoffen, dass wir dadurch weniger Widerspruch herausfordern. Außerdem können wir uns dadurch rascher zurückziehen „War ja nur eine Idee."; „So genau habe ich das nicht gesagt."

Unlogisch und letztendlich falsch eingesetzt wird der Konjunktiv bei Aussagen wie: „Unsere Telefonnummer wäre …" „Unsere Öffnungszeiten wären …" „Ich hätte ein Angebot für Sie." „Ich würde Ihnen vorschlagen …"

Hier führt der Konjunktiv dazu, dass konkrete Sachverhalte und Fakten abgeschwächt werden und diese damit an Kompetenz und Glaubwürdigkeit verlieren.

Viele Menschen haben die Sorge, dass sie durch das Weglassen der Konjunktive im E-Mail unfreundlich und weniger höflich wirken. Mit einem „Bitte" oder „Danke" oder auch „Sind Sie so freundlich" wirkt jeder Satz auch ohne Konjunktiv höflich und freundlich.

Verzichten Sie auf Vorsilben und Nachsilben

Vorsilben verlängern Worte und sagen deshalb nicht unbedingt mehr aus. Genauso verhält es sich auch mit Nachsilben. Durch das Weglassen wird Ihre Sprache klarer, einfacher, kürzer und verständlicher – und sie wirkt auch moderner und frischer. Wörter mit Vorsilben oder Nachsilben wirken oft umständlich und verstaubt.

Vorsilbe oder Nachsilbe	besser so
Kostenbetrag	Kosten oder Betrag
praktischerweise	praktisch
anfallen	fallen
Telefonanruf	Anruf
Rückantwort	Antwort
übersenden/zusenden	senden
Grundprinzipien	Grundsätze oder Prinzipien
zukünftig	künftig
Zahlungsleistung	Zahlung
überprüfen/nachprüfen	prüfen/klären
abklären	klären
verbleiben	bleiben
Aufgabenstellung	Aufgabe

Das K.I.S.S.S.S.®-Prinzip beim Schreiben

Neunundneunzig positive Wörter

Es gibt nicht nur Reizwörter, sondern auch Wörter, die die Beziehung zwischen Ihnen und dem Leser fördern. Sie können diese Wörter dazu benutzen, ein gutes Klima zu schaffen und den Leser wertzuschätzen.

Besonders positive Wörter nennen wir in unseren Seminaren Effektwörter. Diese haben wir in der Liste für Sie kursiv hervorgehoben.

aktuell	eindeutig	*gerne*
alternativ/ Alternative	*einfach*	Glück
Angebot/anbieten	einladen	*günstig*
angenehm	*empfehlen*	gut/gute
anregen	engagieren	herzlich
benutzerfreundlich	Erfolg	Idee
betreuen	erfolgreich	Ihnen
bequem	erfreulich	individuell
besser	erfüllen	informieren
besonders	erklären	Innovation/innovativ
bestätigen	erreichen	Interesse
bestens	Experte	Ja
bewährt	flexibel	jederzeit
Bitte	freuen	jetzt
Chance	freundlich	Klarheit
Danke	*für Sie*	Kompetenz
effektiv	*Garantie*	konzentrieren
effizient	*gemeinsam*	korrekt

leicht	perfekt	überraschen
Leistung	*persönlich*	überzeugen
kostenlos	positiv	*unterstützen*
kreativ	professionell	verbessern
langjährig	profitieren	verstehen
Lösung	prüfen	Vertrauen
maßgeschneidert	Qualität	*Vorteil*
mobilisieren	rasch	Wahl/wählen
Möglichkeiten	*richtig*	Wirksam
nachhaltig	schnell	*Wunsch/wünschen*
natürlich	schön	*zeitsparend*
neu	Schutz/schützen	zufrieden
Nutzen/nutzen	*selbstverständlich*	zusammen
optimal	*sicher*	zuverlässig
Partner	sofort	zuversichtlich

Das Sahnehäubchen beim Schreiben

- **Erweitern Sie Ihren aktiven Wortschatz.** Gerade wenn wir viel schreiben, nutzen wir gerne dieselben Worte und Formulierungen, das ist zwar zeitsparend, doch wenig abwechslungsreich. Wir unterscheiden zwischen aktivem und passivem Wortschatz. Den aktiven Wortschatz bilden die Worte, die wir täglich sprechen und schreiben. Das sind je nach Quelle zwischen 3.000 und 8.000 – sogar bis zu 15.000 Wörter. Der passive Wortschatz umfasst jene Wörter, die wir verstehen, jedoch selten nutzen. Meist ist er mindestens doppelt so groß.

Im Synonym-Wörterbuch Ihres PC-Programms oder auch im Internet finden Sie viele alternative Formulierungen, z.B. www.woxikon.de oder *www.wissen.de/ synonym* oder *www.duden.de.*
Nutzen Sie diese Funktionen, um Ihre Standard-Formulierungen kreativer, frischer oder einfach anders zu schreiben.

» Danke für Ihre Nachricht → Botschaft, Meldung, Schreiben, Erklärung, Mitteilung, Bericht, Reaktion, Auskunft, Information, Antwort

» schreiben → schicken, senden, benachrichtigen, fragen, protokollieren, notieren, verfassen, aufzeichnen, erstellen, berichten, informieren

■ *Verwenden Sie die persönliche Ansprache und den Namen auch mal im Text.* Wir alle werden gerne mit dem Namen „angesprochen" und wir reagieren auf unseren Namen. Stellen Sie sich vor, Sie spazieren gemütlich durch die Fußgängerzone, plötzlich hören Sie Ihren Vornamen. Sie werden sofort schauen, ob Sie gemeint sind. Sie richten Ihre Aufmerksamkeit dorthin, woher Ihr Name schallt.

Dies können Sie auch im E-Mail gut nutzen, vor allem wenn Sie die Aufmerksamkeit des Lesers auf etwas Wichtiges lenken möchten. Beginnen Sie den Satz mit der persönlichen Ansprache:

» „Frau Kunner, Sie finden hier Ihr Angebot zu ...“

» „Herr Mühler, schicken Sie uns die Unterlagen bis zum ... zurück, danke.“

■ *Zeigen Sie Verständnis für die Situation oder das Anliegen der Person, von der Sie ein E-Mail erhalten haben.* Stellen Sie sich vor, Sie erhalten per E-Mail eine Beschwerde oder eine Reklamation. Ob gerechtfertigt oder nicht, ist im ersten Moment nicht wichtig. Zeigen Sie Verständnis für die Situation und die Emotion des Kunden. Dadurch kann die Emotion beim Kunden rascher „abgebaut" bzw. verändert werden. Wenn wir uns ernst genommen und mit unseren Emotionen wahrgenommen erleben, steigt die Bereitschaft, ein Angebot oder eine Lösung anzunehmen oder zu akzeptieren. Denken Sie zurück an das Eisberg-Modell in Kapitel 9.

» „Frau Kunner, vielen Dank für Ihre Offenheit und die Möglichkeit, es wieder gut zu machen. Wir verstehen, dass diese Situation für Sie sehr ärgerlich ist und bieten Ihnen Folgendes an: …"

» „Herr Mühler, zuerst einmal bedanke ich mich dafür, dass Sie sich die Zeit genommen haben, uns über Ihre Enttäuschung mit unserem Produkt zu informieren. Dies ist wirklich wichtig für uns, damit wir etwas verändern können. Als kleines Trostpflaster erhalten Sie von uns …"

■ *Schreiben Sie einen Nutzen für Ihre Ansprechpersonen.* In vielen Situationen wollen wir, dass die andere Person etwas tun soll. Wir brauchen weitere Informationen, Daten, Fakten, Unterlagen oder Entscheidungen, damit wir weiterarbeiten können. In den meisten Fällen hat die andere Person einen Nutzen davon, wenn sie unserer Aufforderung oder Bitte nachkommt. Damit wir rascher die verlangten Informationen oder Unterlagen erhalten, motivieren wir, indem wir einen Nutzen für den anderen hervorheben.

» „Um Ihr Anliegen rasch bearbeiten zu können, schicken Sie …"

» „Damit Sie die Informationen schneller bekommen, geben Sie mir …"

» „Damit wir gemeinsam einen Termin finden, sagen Sie mir …"

■ *Schreiben Sie aktive Sätze statt passive Sätze.* Aktive Formulierungen wirken lebendiger. Der Passiv-Stil verleiht einem E-Mail einen unpersönlichen und wenig

Das K.I.S.S.S.S.®-Prinzip beim Schreiben

aktiven Charakter, der zum Medium nicht passt. Es *klingt* außerdem bürokratisch und umständlich.

statt passiv ...	... besser aktiv
Nächste Woche *werden* wir Sie über unsere neuen Angebote informieren.	Nächste Woche erhalten Sie/ informieren wir Sie über unsere neuen Angebote.
Die Reklamation wird diese Woche noch bearbeitet werden.	Wir arbeiten an einer raschen Lösung für Sie.
Ihr Auftrag wird noch diese Woche in Produktion gehen.	Wir starten die Produktion Ihres Auftrages noch diese Woche.

- ■ *Informieren Sie über die nächsten Schritte.* Manches Mal ist es wichtig und hilfreich, wenn unsere E-Mail-Empfänger erfahren, welche nachfolgenden Arbeitsschritte von ihrem Tun abhängig sind oder wie es weitergeht. Bekommen sie die Information, welche Auswirkungen ihr Tun oder Unterlassen hat, sind sie eher bereit zu handeln.
  - » „Sobald wir die Unterlagen von Ihnen erhalten haben, können wir mit der Produktion des Kataloges beginnen."
  - » „Schicken Sie uns das defekte Gerät per Post zurück. Wir werden es sofort überprüfen."
- ■ *Schreiben Sie klar, bis wann Sie eine Antwort oder Reaktion brauchen.* Je genauer Sie Ihre Angaben, Aufforderungen und Anweisungen schreiben, desto größer ist die Chance, dass diese auch umgesetzt werden.
  - » „Schicken Sie mir bis Freitag dieser Woche Ihre Termine, damit ich rechtzeitig einen Besprechungsraum organisieren kann."

(handschriftliche Notizen am Rand: „Nächste Schritte", „Beispiel", „Beispiele")

» „Geben Sie uns bis 26. 8. JJJJ Ihre Bestellung bekannt, damit Sie das Paket noch nächste Woche erhalten."

» „Um Ihren Auftrag abwickeln zu können, brauchen wir noch folgende Informationen von Ihnen: 1. genaue Abmessungen, 2. Entscheidung über Qualität A oder B, 3. gewünschte Lieferzeit und 4. Lieferort."

■ *Nutzen Sie die Kraft des Dankens.* Haben Sie sich schon mal über den Unterschied von Bitte und Danke in seiner Wirkung Gedanken gemacht?

Bitte: Wir bitten um etwas, das in Zukunft passieren soll. Die andere Person entscheidet, ob sie dieser Bitte nachkommt – und hat damit die Macht.

Danke: Wir bedanken uns für etwas, von dem wir ausgehen, dass es passieren wird. Wir haben mit dem Danke schon eine Vorleistung erbracht. Die andere Person steht dadurch unter einem leichten Zugzwang, diese Erwartungshaltung zu erfüllen.

statt bitte ...	... lieber danke
Bitte haben Sie etwas Geduld, bis wir die Unterlagen an Sie senden.	Danke für Ihre Geduld, bis Sie die Unterlagen erhalten.
Bitte bleiben Sie angeschnallt und sitzen, bis das Flugzeug die Parkposition erreicht hat.	Danke, dass Sie angeschnallt und sitzen bleiben, bis das Flugzeug die Parkposition erreicht hat.
Bitte den Rasen nicht betreten.	Danke, dass Sie den Gehweg nutzen.
Bitte schicken Sie die Unterlagen bis ...	Danke, dass Sie uns die Unterlagen bis ... schicken.

- *Schreiben Sie Sie-orientiert statt ich oder wir.* Wir alle werden gerne direkt „angesprochen". Empfänger-Orientierung und Wertschätzung drücken sich in einem positiven und Sie-orientierten Schreibstil aus. Der Vorteil dieser direkten Ansprache ist, dass durch die Sie-Formulierung das Interesse des Lesers geweckt wird, und er sich direkt angesprochen fühlt.

statt wir ...	... lieber Sie – direkt und kundenorientiert
Wir übersenden Ihnen hier die angeforderten Unterlagen.	Sie erhalten hier die von Ihnen gewünschten Informationen.
Wir garantieren beste Qualität und faire Preise.	Sie können sich auf unsere Qualität und die fairen Preise verlassen.
Wir bieten Ihnen diese drei Möglichkeiten an.	Wählen Sie einfach aus diesen drei Möglichkeiten aus.
Wir bitten Sie, sich bei Fragen direkt an Frau Kunner unter 1234 zu wenden.	Bei Fragen, rufen Sie einfach direkt Frau Kunner unter 1234 an, danke.

- *Achten Sie auf die „Wirkung des letzten Wortes" im Satz.* Stellen Sie sich vor, Sie sollen sich eine Liste von zwanzig Begriffen merken. Welche Wörter bleiben Ihnen am besten in Erinnerung? Eher die vom Anfang, von der Mitte oder vom Ende der Liste?
Welche Wörter werden Sie zuerst nennen, wenn Sie die Liste wiederholen sollen? Die meisten von uns beginnen mit den zuletzt gehörten Wörtern.
Wenn Sie einem Kunden zwei Termine oder zwei Produkt-Alternativen anbieten, dann wählt der andere mit hoher Wahrscheinlichkeit die zweitgenannte Variante. Es gibt dafür eine ganz einfache Erklärung:

Unser Gehirn merkt sich zuletzt Gehörtes, Gesehenes oder Gelesenes am besten. Deshalb hat das letzte Wort im Satz die größte Bedeutung. Dies können wir beim Schreiben ganz gezielt nutzen. Lassen Sie diese Sätze auf sich wirken.

Danke im Voraus für Ihre *Mühe*.	Danke im Voraus für Ihre *Mithilfe/Antwort/Nachricht/Ihr Engagement*.
Vielen Dank für Ihre *Reklamation*.	Für Ihre offenen Worte sagen wir *Danke*.
Schicken Sie uns Ihre Unterlagen bis Freitag nächste *Woche*.	Danke, dass Sie uns die Unterlagen bis Freitag nächste Woche *schicken*.

Erinnern Sie sich noch an das E-Mail zu Beginn des Kapitels V.? So geht es auch einfacher.

Internes E-Mail von Kollege zu Kollege:

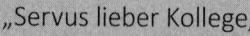

„Servus lieber Kollege,
es geht um das Projekt AB. Dazu habe ich 3 Anmerkungen:
» Beim Meeting am TT.MM. haben wir besprochen, dass ich Unterstützung bei diesem Projekt brauche, um die Qualität zu sichern.
» Die Agenda für das nächste Meeting am TT.MM. ist:
a) Ziele und Nicht-Ziele definieren
b) Zeitrahmen festlegen
c) Termine koordinieren und abstimmen, auf Messe in X achten
d) Starttermin besprechen
» Kläre du bitte mit dem Kunden ab, ob wir den Starttermin verlegen können (auf einen Termin nach der Messe). Gib mir dazu Information bis Freitag TT.MM.
Vielen Dank und liebe Grüße, Kollege

Zusammenfassung – Das K.I.S.S.S.S.®-Prinzip beim Schreiben

Um sicherzugehen, dass Ihr E-Mail vom Leser richtig verstanden wird, haben wir den Satz „Keep it short and simple" erweitert: „Keep It Short, Simple, Structured and Stimulating"®

» *Short* Schreiben Sie kurze Sätze, in denen Sie Füllwörter weglassen und statt einem Beistrich lieber einen Punkt machen. Lassen Sie Wichtiges allein stehen und machen Sie deutliche Absätze.

» *Simple* „Schreibe wie du redest, so schreibst du schön." Vermeiden Sie Fremdwörter, Fachbegriffe und Abkürzungen, trennen Sie lange Wörter durch Bindestrich. Verwenden Sie eine konkrete und anschauliche Sprache, indem Sie aktive Verben nutzen.

» *Structured* Eine korrekte Anrede und Begrüßung gehört zum guten Ton und ist den meisten Menschen sehr wichtig.
Strukturieren Sie Ihren Text mit deutlichen Absätzen nach spätestens vier Zeilen. Verwenden Sie Nummerierungen und Aufzählungszeichen Ihrer Tastatur, damit der Text übersichtlicher ist. So wie der erste Eindruck wichtig ist, ist es auch der letzte Eindruck. Nehmen Sie sich Zeit für die Verabschiedung.

» *Stimulating* Schreiben Sie einen positiven ersten Satz, um Ihre Leser positiv einzustimmen. Achten Sie auf die Wirkung der Worte, die Sie schreiben und nutzen Sie die Sie-Ebene, um den Leser direkt anzusprechen.

Verwenden Sie die 99 positiven Wörter und mei-
den Sie Reizwörter, Konjunktive und Füllwörter.
Schreiben Sie statt negativ besser positiv und
statt passiven Sätzen besser aktive Sätze.
Erweitern Sie Ihren aktiven Wortschatz, nutzen
Sie Synonyme.
Formulieren Sie nutzen-orientiert und schreiben
Sie klar, bis wann Sie eine Antwort brauchen.
Nutzen Sie die Kraft des Dankens und beachten
Sie die Wirkung des letzten Wortes im Satz.

VI. Was hat Lego mit Schreiben zu tun?

Margit und Harald treffen sich vor dem Aufzug. „Ich habe schon wieder die gleiche Anfrage von einem Kunden bekommen. Wenn die Leute die Produktbeschreibung lesen würden, hätte ich nicht dauernd die gleichen Fragen auf dem Tisch, auf die ich antworten muss – und es ist immer dasselbe!", ärgert sich Margit. „Glaubst du, mir geht es anders? Ich habe mittlerweile ein paar Standardformulierungen abgespeichert, damit ich nicht immer dasselbe tippen muss", entgegnet Harald.

30. Mit Bausteinen lässt es sich leicht bauen

Textbausteine sind Texte, Sätze oder Formulierungen, die Sie immer wieder für Ihre E-Mails brauchen. Diese sind hilfreich und zeitsparend, wenn Sie darauf schnell zugreifen können.

Gerade im Bereich des Corporate Wordings sind Textbausteine sinnvoll, damit einheitliche Formulierungen im Unternehmen bzw. in einzelnen Abteilungen verwendet werden. So entsteht ein übereinstimmendes Bild des Unternehmens nach außen. Außerdem helfen Textbausteine, Zeit zu sparen, da man sich nicht jedes Mal eine neue Formulierung überlegen muss.

Lesen Sie hier, wie Sie pfiffige Textbausteine gestalten können.

Es bieten sich drei Möglichkeiten an:

1. Sie können die Funktion *Signatur* nutzen, um verschiedene Textbausteine zu gestalten und diese dann einzufügen. Beachten Sie, dass Sie in einem E-Mail nur eine Signatur einfügen können, das heißt, Sie verfassen wirklich den ganzen Text inklusive Ihrer Signatur neu. Dies empfiehlt sich für wirklich häufige E-Mails, die Sie schreiben: Absagen nach Bewerbungen, Absagen auf zugeschickte Unterlagen oder Angebote, Standard-Angebote und Protokolle zum Verschicken, Kollegen an Termine erinnern. Auch Abschlusssätze in Angeboten oder Grußformeln lassen sich gut als Textbaustein anlegen und verwenden.

2. Erstellen Sie sich für Ihre Mails *Schnellbausteine* für die häufigsten Formulierungen oder Sätze. Natürlich kostet das Erstellen zunächst Zeit, doch die haben wir in der Regel sehr schnell wieder eingearbeitet.

So einfach erstellen Sie einen Schnellbaustein:

» Erstellen Sie ein „Neues E-Mail".
» Schreiben Sie den Text, den Sie verwenden möchten.
» Markieren Sie den Text (linke Maustaste gedrückt halten und über die Passagen ziehen).
» Gehen Sie hoch in die Registerkarte „Einfügen".
» Dort klicken Sie auf „Schnellbausteine", dann auf „Speichern".
» Es öffnet sich ein Fenster. Dort geben Sie dem Schnellbaustein noch einen aussagekräftigen Namen. Sie können auch andere Optionen und Formatierungen bearbeiten.
» Klicken Sie auf „OK" und der Schnellbaustein wird gespeichert.

Was hat Lego mit Schreiben zu tun?

» Nun können Sie diesen über die Registerkarte „Einfügen" unter „Schnellbausteine" auswählen. Oder Sie schreiben die ersten Buchstaben des Schnellbausteins direkt in das E-Mail und – magisch – der komplette Text erscheint, sobald z.B. Outlook den Text sicher zuordnen kann.

3. Natürlich können Sie sich auch einen *Ordner* „Textbausteine" anlegen. Speichern Sie dort Ihre gut formulierten E-Mails, die Sie an sich selbst geschickt haben. So können Sie entweder dieses E-Mail weiterleiten oder Texte daraus kopieren und in ein neues E-Mail einfügen.

Aus dem E-Mail-Alltag: Sie haben sicher schon das eine oder andere E-Mail mit unterschiedlichen Schriftarten oder Schriftgrößen erhalten. Manchmal kann man die unterschiedlichen Schreibstile erkennen. Welcher Eindruck entsteht durch solch ein E-Mail? Ich habe das Gefühl, der Text wurde nicht individuell für mich geschrieben! Da nimmt sich niemand Zeit für mich! Ich bin nicht wichtig für das Unternehmen oder die Person! So entstehen ganz schnell Irritation, Ärger oder Enttäuschung.

Tipp:
Achten Sie beim Arbeiten mit Textbausteinen darauf, dass die Übergänge zwischen einzelnen eingefügten Textbausteinen und dem selbst verfassten Text wie aus einem Guss klingen und auch so aussehen. Lesen Sie nochmal alles genau durch. Passt der Inhalt Ihres Textbausteins genau zur Anfrage des Kunden? Wenn nicht, dann eröffnen Sie damit ein E-Mail-Ping-Pong-Spiel.

31. Verstaubte Formulierungen entstauben

Ein Highlight in jedem unserer Seminare ist der Moment, in dem es um Formulierungen und Floskeln geht, die seit Jahren verwendet werden. Die wichtigste Frage ist, ob diese noch zeitgemäß sind. Häufig sind diese Floskeln nicht mehr stimmig und passen im Sinne des Corporate Wording auch nicht zum Unternehmen.

Bevor wir Ihnen zeigen, wie Sie verstaubte Formulierungen anders schreiben können, lassen Sie uns kurz überlegen: Warum sollten Sie verstaubte Formulierungen und Floskeln überhaupt verändern? Schließlich werden diese seit Jahren verwendet und der Empfänger ist sie schon gewöhnt.

Jemand, der altmodisch formuliert, wird vom Leser eher nicht als flexibel und dynamisch eingeschätzt. Wir wollen damit nicht sagen, dass alle Floskeln falsch sind, sie wirken selten kundenfreundlich, oft umständlich und langwierig. Während frischere und aktuellere Formulierungen Flexibilität und Kundennähe erkennen lassen.

Sind Sie neugierig, welche Floskeln und verstaubte Formulierungen Sie selbst verwenden? Schnappen Sie sich einen Stift und markieren Sie Ihre Lieblingsfloskeln in der folgenden Liste.

So?	Besser so?
A	
anbei	Sie erhalten mit ...; Ich schicke Ihnen hier ...
in Abzug bringen	abziehen
anfallen/Es fallen folgende Kosten an ...	Kosten, entstehen
die anfallenden Kosten	die Kosten

Was hat Lego mit Schreiben zu tun?

So?	Besser so?
Angelegenheit	Klingt bürokratisch. Stattdessen lieber konkret nennen, worum es geht.
anhand	mit
antwortlich teilen wir mit	wir informieren Sie
zur Anwendung bringen	anwenden
Aufgabenstellung	Aufgabe
aufgrund	wegen
auflaufen	kosten, entstehen
auflaufende Kosten	Kosten
auftragsgemäß	wie vereinbart
zur Auslieferung bringen	liefern
B	
in Bearbeitung nehmen/genommen	wir bearbeiten es
beauskunften	informieren, Auskunft geben
zu unserem Bedauern, bedauerlicherweise	Es tut mir leid. Es tut uns leid.
bedenken Sie	Bitte beachten Sie ...
Bedingung	Entschärfen: Wenn Sie ... Vorausgesetzt, Sie ...
befürworten	Stimmen wir zu, stimmen wir für, sich einsetzen für, für etwas sein ...
Begrüßen; Wir würden es begrüßen ...	Wir freuen uns...
beiliegend, beistellen	Mit diesem Brief bekommen Sie ...; erhalten Sie ...

So?	Besser so?
bemühen; Bemühungen	Ich setze mich ein, ich mache für Sie; Hilfe, Unterstützung, Mitarbeit
benötigen	brauchen, bitte schicken Sie
Bericht erstatten	berichten, informieren,
Beschluss fassen	beschließen
bestmögliches Service	gutes Service
beziehungsweise	oder, und
bezüglich, bezugnehmend, bezugnehmend auf Ihre Anfrage	wegen Danke für Ihr Interesse/Ihre Anfrage ... Oder einfach gleich zur Sache kommen.
binnen	in
bitten wir um Zusendung der ...	Bitte schicken Sie uns ...
D	
dankend	vielen Dank für
Stets gerne zu Ihren Diensten ...	Wir sind gerne für Sie da.
diesbezüglich	wegen, dazu
dürfen; dürfen wir Sie herzlich einladen ...	Wir laden Sie herzlich ein ...
E	
ehestmöglich	so rasch wie möglich
entsprechen; Ihrem Wunsch entsprechen	Ihren Wunsch erfüllen

Was hat Lego mit Schreiben zu tun?

So?	Besser so?
erkläre ich mich einverstanden	ich bin einverstanden
erlauben wir uns	weglassen; gleich zur Sache kommen.
Erledigung, wir informieren Sie über unsere Erledigung ...	Wir informieren Sie sobald ... konkret nennen.
In Erwägung ziehen	erwägen, nachdenken, überlegen

F

So?	Besser so?
fakturieren	berechnen
fällig am	Bitte zahlen Sie bis ...
fernmündlich	telefonisch
folgendermaßen	so
formalistisch	formal

G

So?	Besser so?
gedient zu haben	helfen
gegebenenfalls	falls, wenn, eventuell
gegenstandslos	Haben Sie den Gesamtbetrag schon gezahlt, dann ist dieses Schreiben für Sie nicht mehr aktuell.
gegenzeichnen	unterschreiben
generell	im Allgemeinen, allgemein
getrennt; mit getrennter Post	mit dem nächsten Brief ... ... bekommen Sie in einer Woche ...

So?	Besser so?
gewähren	geben, bieten, überweisen
Grund, aus diesem Grund, auf Grund von	deshalb, daher, wegen, deshalb
grundsätzlich	einfach weglassen.

H

hiermit, hiermit bestätigen wir Ihnen	weglassen Wir bestätigen Ihnen ...
hinreichend	weglassen oder genug, ausreichend
hinsichtlich	weglassen oder wegen
hinweisen	aufmerksam machen, bitte beachten Sie
höflichst	weglassen

I

irrtümlich	weglassen, Fehler zugeben und entschuldigen: Bitte entschuldigen Sie
ist zu retournieren	Bitte schicken Sie ... zurück
ist zu unterfertigen	Bitte unterschreiben Sie ...

K

Kenntnis; in Kenntnis setzen Kenntnisnahme	mitteilen, Information, informieren
kostenfrei	gratis (Hotline), kostenlos (Dinge, die wir unseren Kunden zuschicken)
Kosten belaufen sich auf	Kosten betragen, kostet, Kosten
künftighin	in Zukunft

Was hat Lego mit Schreiben zu tun?

So?	Besser so?
L	
zu unseren Lasten	wir übernehmen, wir zahlen
Im Laufe von	in x Tagen, Wochen, ...am 12. 03.
lediglich	nur
letztmalig	das letzte Mal
M	
maßgebend	entscheidend
unserer Meinung nach	weglassen, nennen Sie die Fakten
melden wir uns bei Ihnen	Konkret: Ich/Mein Kollege ruft Sie an/schreibt Ihnen ein E-Mail ...
mit getrennter Post	in einem weiteren Brief
mithilfe	Mitarbeit, Kooperation
wollen wir Ihnen mitteilen	weglassen
eine Mitteilung machen	informieren
mittels	mit, durch
möchten wir uns bedanken	Vielen Dank für, wir bedanken uns
N	
nachprüfen	klären
nachfolgende Vorteile	folgende, diese Vorteile
nachstehender Betrag	folgender, dieser Betrag
O	
o. a. oben angeführte Verträge	diese Verträge

So?	Besser so?
o. g. oben genannte Summe	diese
obiges	dieses

	P
Prüfung vornehmen	prüfen

	R
Rechnung; in Rechnung stellen	berechnen
refundieren	zurückzahlen
retournieren	Bitte schicken Sie ...zurück
Rückantwort	Antwort
Rückäußerung	Antwort
Rückfragen	Fragen
Rückmeldung	Antwort
Rücksprache	besprechen

	S
sämtliche	alle
Schriftstück	Unterlage, Information
seitens	von, durch – oder aktiv formulieren
stattgeben	genehmigen, befürworten oder direkt ausdrücken
stehen wir Ihnen zur Verfügung	wir beantworten Ihre Fragen gern
Stellung nehmen	beantworten, einfach das Ergebnis mitteilen
stets	immer, dauernd

Was hat Lego mit Schreiben zu tun?

So?	Besser so?
	T
telefonisch sprechen	telefonieren
	U
übersenden	senden, schicken, Sie bekommen
im Übrigen	weglassen oder übrigens
umgehend	rasch, sofort, gleich, jetzt, bis morgen
umseitig	auf der Rückseite
Unannehmlichkeiten	die Fakten kurz zusammen-fassen, sich bei Bedarf entschuldigen
unentgeltlich	gratis, kostenlos, kostenfrei
Unkosten	Kosten
unpräjudiziell	ausnahmsweise, für Sie gerne
unsererseits	wir
einen Vorschlag unterbreiten	einen Vorschlag machen; ein Angebot machen
unterfertigen	bitte unterschreiben Sie ...
uns ist ein Fehler unterlaufen	uns ist ein Fehler passiert
Wir möchten Sie darüber unterrichten ...	informieren, mitteilen
	V
verbindlich(st)en Dank verbleiben mit freundlichen Grüßen	herzlichen Dank, vielen Dank Freundliche Grüße
Verbleibende Summe	restliche, der Rest

So?	Besser so?
Wir stehen zur Beantwortung Ihrer Fragen gerne zur Verfügung/zu Ihrer Verfügung.	Ihre Fragen beantworten wir gerne.
vergüten	zahlen, überweisen
unser Versehen	Fakten kurz zusammenfassen, bei Bedarf entschuldigen
unsere Preise verstehen sich ...	Unsere Preise sind ...
vertragsgemäß	wie im Vertrag vereinbart
verweisen	es einfach direkt schreiben
vorab	einfach weglassen
Vorgehensweise	Vorgehen
Vorkorrespondenz	Konkret anführen. Ihr E-Mail, unser E-Mail von ...
etwas vorlegen	schicken
eine Überweisung vornehmen	überweisen
vorschreiben	verrechnen
Vorzug geben	bevorzugen, gewählt, vorziehen
W	
Wahrung der Frist	Frist einhalten
auf diese Weise	so
auf schriftlichem Wege	schriftlich
ist von Wichtigkeit	wichtig
wissen lassen	informieren
wohnhaft in	wohnen in, Adresse

Was hat Lego mit Schreiben zu tun?

So?	Besser so?
wunschgemäß	wie von Ihnen gewünscht, die gewünschten Unterlagen …
Z	
zum jetzigen Zeitpunkt	jetzt, momentan
im Zeitraum von Jänner bis Mai	von Jänner bis Mai, in der Zeit von
im Zuge von	bei
zukommen lassen	senden, schicken
zukünftig	künftig, ab jetzt
zusenden	senden
zwecks	für
zwischenzeitlich	inzwischen

Na? Wie viele dieser Formulierungen verwenden Sie denn selbst? Und wie viele haben Sie diese Woche in E-Mails von Kunden oder Kollegen gelesen?

Achten Sie die nächsten Tage einfach darauf, wo Ihnen verstaubte Formulierungen begegnen und welche Wirkung diese auf Sie haben.

Die vier Klassiker der verstaubten Formulierungen in E-Mails

So wie es in der Literatur oder im Film „Klassiker" gibt, so finden Sie diese auch beim E-Mail-Schreiben. Sie finden die vier Klassiker auf den nächsten Seiten.

Für Rückfragen stehe ich Ihnen jederzeit persönlich/gerne zur Verfügung.

Wirklich jederzeit? Sie haben doch auch mal Feierabend oder Wochenende.
„Zur Verfügung stehen" klingt auch passiv und abwartend, außerdem stehen Gelder oder Maschinen zur Verfügung und nicht Menschen.
Dieser Satz klingt sehr abgenutzt, da er inflationär verwendet wird.

Besser so:
Wenn Sie Fragen haben, sind wir gerne für Sie da.
Bei weiteren Fragen, wenden Sie sich gerne an mich/an uns.
Wir nehmen uns gerne Zeit für Sie und Ihre Fragen.
Wir helfen Ihnen bei Fragen gerne weiter.
Brauchen Sie noch weitere Informationen? Melden Sie sich einfach bei mir.
Unser Kundenservice ist von 8:00 bis 17:00 Uhr für Sie da.
Bitte rufen Sie an, wenn noch Fragen offen sind.
Sie haben Fragen? Sie erreichen uns von ... bis ... unter ...
Wenn Sie noch Fragen oder Wünsche haben, bin ich gerne von ... bis ... für Sie da. Sie erreichen mich unter Telefon 0123/456789.

Bezugnehmend auf Ihre Anfrage vom ... teilen wir Ihnen Folgendes mit ...

Das Datum der Anfrage zu erwähnen, ist eine gute Idee, doch das Wort „Bezugnehmend" ist eine sperrige bürokratische Floskel. Beantworten Sie nach dem Dank die Frage; Sie brauchen nicht anzukündigen, dass Sie dem Leser jetzt etwas mitteilen werden.

Besser so:
Danke für Ihre Anfrage vom ...
Wir liefern Ihre Bestellung am ...
Wir freuen uns über Ihre Anfrage/Ihre Bestellung. Sie erhalten ...
Herzlichen Dank für Ihr E-Mail. Ihre Bestellung verlässt am ... unser Haus/ist bereits auf dem Weg zu Ihnen.

Was hat Lego mit Schreiben zu tun?

> Die beiliegende Auftragsbestätigung ist unterfertigt inner-
> halb von zehn Tagen zu retournieren.

Diese Formulierung ist passiv, fordert den Adressaten nicht auf, etwas zu tun und aktiv zu werden.

Besser so:
Vielen Dank für Ihren Auftrag. Bitte schicken Sie uns die beiliegende Auftragsbestä-tigung unterschrieben in den nächsten zehn Tagen zurück. Herzlichen Dank für Ihren Auftrag. Danke, dass Sie uns die Auftragsbestätigung bis DATUM unterschrieben zu-rückschicken.

> Vielen Dank im Voraus für Ihre Mühe.

Der Satz beginnt positiv, doch die Wirkung des letzten Wor-tes wiegt schwer und müh-sam auf den Schultern. Da überlegen wir schon, wie viel Arbeit die Aufgabe ma-chen wird und ob wir das jetzt wirklich erledigen möchten oder auf später verschieben.

Besser so:
Ganz einfach umgedreht wirkt es schon anders: Für Ihre Mühe schon jetzt ein herzliches Danke.
Vielen Dank für Engagement/ Ihre Unterstützung/Ihre Hilfe/Ihre rasche Antwort/ Ihre Entscheidung/Ihre Be-stätigung/Ihre Information.

32. Die Schatzkiste für gelungene Formulierungen

Der gelungene Einstieg

Der erste Satz entscheidet, ob Ihre Leser sofort weiterlesen. Der Einstieg in ein E-Mail fällt vielen Menschen häufig sehr schwer. Deshalb verwenden sie gerne bekannte und vertraute Formulierungen. Ihr E-Mail hebt sich dadurch wenig positiv hervor. Haben Sie Mut und schreiben Sie einfach mal etwas anderes als üblich. Über den Effekt des Priming lesen Sie einfach nochmal in Kapitel 29.

... vielen Dank für das nette Telefongespräch vorhin. Schön, dass Sie an XXX interessiert sind. Sie finden ...

... es war sehr schön, dass wir nach so langer Zeit wieder miteinander geplaudert haben. Wie vereinbart finden Sie hier ...

... wir freuen uns, dass Sie unser Unternehmen im weltweiten Internet gefunden haben. Gerne ...

... wir freuen uns, dass Sie sich bei uns gemeldet haben und wir Ihnen unsere Leistungen vorstellen können ...

... hier sind schon die Informationen, die Sie heute noch erhalten wollten.

... danke, dass wir bei einem persönlichen Gespräch über Möglichkeiten der Zusammenarbeit gemeinsam nachdenken. Hier sind unsere Terminoptionen ...

... Sie sagten bei Ihrem Anruf heute Morgen, dass es eilt. Deshalb erhalten Sie prompt die von Ihnen gewünschten Unterlagen.

Unterlagen, Informationsmaterial oder Angebote zuschicken

Nun geht's an den Mittelteil – Sie informieren Ihren Adressaten darüber, was er von Ihnen erhält, was Sie schicken und welche Besonderheiten es damit auf sich hat.

Kombinieren und ergänzen Sie einfach die Beispielsätze nach Geschmack und Situation.

Was hat Lego mit Schreiben zu tun?

Sie finden hier die von Ihnen gewünschten Informationen/
das von Ihnen gewünschte Angebot. Besonders möchte ich
Sie auf Punkt X aufmerksam machen. Darin finden Sie die
wichtigsten Vorteile für Sie kurz zusammengefasst.

Sie erhalten heute von uns weitere Informationen über
unser Portfolio. Gerade für Sie als ... sind die Leistungen X
und Y sicherlich von großem Interesse. Schmökern Sie nach
Herzenslust.

Unsere Broschüre macht Ihnen hoffentlich noch mehr
Appetit auf ...

Ich habe Ihnen aus unserem Gesamtkatalog einen kleinen,
feinen Überblick/ein auf Sie abgestimmtes Angebot zusammengestellt. Ich freue mich, wenn ich das Richtige für Sie
ausgewählt habe. Falls Sie noch Weiteres brauchen oder
wissen möchten ...

Die mitgeschickten Unterlagen bieten Ihnen einen guten/
ausführlichen Überblick über unser Leistungsspektrum.

Sie erhalten hier Ihr Angebot. Entscheiden Sie selbst, welche
der Alternativen besser für Sie passt.

Speziell für Ihre Anforderungen haben wir folgende Unterlagen zusammengestellt/folgendes Angebot für Sie ausgear-
beitet.

Für den von Ihnen beschriebenen Zweck/für das von Ihnen
beschriebene Einsatzgebiet ist unser Produkt X besonders
geeignet.

Auftragsbestätigung/Bestellbestätigung zuschicken

Wenn ein Kunde bestellt hat, kann es passieren, dass kurz
nach der Bestellung die „Kaufreue" eintritt. Wir kennen das
alle: Wir kaufen etwas, gehen aus dem Geschäft hinaus, sind
noch glücklich und stolz, kommen nach Hause – und dann

überfällt sie uns: die Kaufreue: „Brauche ich das wirklich?", „Habe ich einen guten Preis bekommen?" „Hat mich der Verkäufer nicht doch über den Tisch gezogen?"

Deshalb ist es wichtig, nach einer Bestellung oder einem Auftrag dem Kunden rasch das Gefühl zu geben, dass seine Entscheidung richtig ist.

Wir danken Ihnen für Ihre Bestellung und bestätigen diese sehr gerne.

Vielen Dank für Ihren telefonischen Auftrag. Sie finden hier Ihre Auftragsbestätigung. Die Lieferung an Sie erfolgt am …

Vielen Dank für Ihr Vertrauen und Ihren Auftrag für X.
Wir beginnen wie besprochen mit der Produktion/der Vorbereitung …

Für Ihr Vertrauen und den Auftrag an uns sagen wir ganz herzlich DANKE. Sie finden hier zur Sicherheit noch die Auftragsbestätigung.

Danke für Ihren Auftrag über … Wir informieren Sie, sobald wir den Liefertermin wissen.

Schön, dass Sie sich für uns entschieden haben. Sie finden hier nun Ihre Bestellbestätigung mit allen weiteren Details/ Informationen.

Sie haben richtig entschieden. Wir freuen uns auf die Zusammenarbeit und darauf, gemeinsam X zu gestalten. Kontrollieren Sie bitte, ob wir wirklich alle wichtigen Punkte zusammengefasst haben. Sollten Sie keine Ergänzung mehr dazu haben, freuen wir uns auf Ihre Auftragsbestätigung.

Wenn ein Kunde reklamiert

Wo gehobelt wird, fallen Späne. Es kann immer mal passieren, dass etwas (nicht) passiert ist. Wie reagieren wir nun auf Reklamationen unserer Kunden?

Vielen Dank für Ihr Feedback/Ihre Nachricht. Wir bedauern sehr, dass wir Ihre Erwartungen nicht erfüllen konnten. Es ist uns sehr wichtig, dass Sie uns auf X hinweisen.

Danke, dass Sie uns über X informieren. Nur so bekommen wir die Möglichkeit, Sie wieder zu einem zufriedenen Kunden zu machen.

Wir danken Ihnen sehr für Ihre Offenheit. Es tut uns sehr leid, dass Sie mit X nicht zufrieden sind.

Danke, dass Sie sich die Zeit genommen haben, uns über Ihren Ärger mit einem unserer Produkte zu informieren. Nur so haben wir die Möglichkeit, es „wieder gut" zu machen.

Entschuldigen Sie, dass es zu dieser Verzögerung/Panne/diesem Produktionsfehler gekommen ist. Wir möchten die Chance nutzen, dies zu verbessern/auszugleichen/wieder gut zu machen.

Es tut uns leid, dass Sie sich mit X/über X geärgert haben. Wir bieten an ...

Geben Sie uns die Möglichkeit, Sie wieder als zufriedenen Kunden zu gewinnen. Wir bieten Ihnen als kleine Entschädigung/als kleine Entschuldigung/als kleines Trostpflaster ... an.

Wenn ein Kunde nicht zahlt – Mahnungen

Kundenorientierte und doch klar formulierte Mahnschreiben sind eine Kunst für sich. Manchmal passiert es einfach, dass eine Zahlung übersehen wird oder dass sich der Zahlungsauftrag mit Ihrem E-Mail überschneidet.

Sie haben Ihre Bestellung am ... erhalten. Dafür konnten wir noch keinen Zahlungseingang verbuchen.

Wir freuen uns, dass Sie X gekauft haben und es Ihnen gefällt. Bitte prüfen Sie, ob Sie die Rechnung schon bezahlt
haben.

Im hektischen Geschäftsleben kann schnell etwas unterge-
hen. Da noch kein Zahlungseingang für die Rechnung bei uns
eingegangen ist, klären Sie bitte, was der Grund ist. Danke
für Ihre Antwort.

Sie haben auf unsere Rechnung noch nicht reagiert und
diese ist noch offen. Danke, dass Sie den offenen Betrag
von € ... bis DATUM bezahlen.

Unsere Buchhaltung hat uns informiert, dass die
Rechnung X noch offen ist. Bitte überweisen Sie den offenen Betrag bis DATUM, vielen Dank.

Sie finden hier noch einmal in Kopie Ihre Rechnung vom ...
Vermutlich sind Sie im Tagesgeschäft noch nicht dazuge-
kommen, diese zu bezahlen. Danke, dass Sie das bis DATUM
nachholen.

Es kommt schon einmal vor, dass eine Rechnung übersehen wird oder verloren geht. Der Betrag für das Produkt X ist
noch nicht auf unserem Konto eingegangen. Sie finden hier
zur Sicherheit noch einmal eine Kopie der Rechnung, danke
fürs Bezahlen.

Bewerbungen, Einladungen oder Angebote absagen

Sie erhalten Bewerbungen, Einladungen und Angebote. Sie
können natürlich nicht alle annehmen, das bedeutet, dass
Sie immer wieder Absagen schreiben. Eine genaue Begründung für Ihre Absage ist nicht immer notwendig und sollte
nur angeführt werden, wenn es sich um einen nachvollzieh-
baren Grund handelt. Wie schreibt man nun eine „nette"
Absage, denn eine Absage per se ist ja wenig positiv?

Was hat Lego mit Schreiben zu tun?

Es ist uns nicht leichtgefallen, unter der Vielzahl der Bewerber eine Auswahl zu treffen. Wir haben uns für einen anderen Kandidaten entschieden, der noch besser unserem Anforderungsprofil/Qualifikationsprofil entspricht. Wir wünschen Ihnen, dass Sie rasch eine Zusage erhalten und Ihre Qualifikationen einbringen können.

Wir haben inzwischen unsere Vorauswahl getroffen. Ihre Bewerbung haben wir nicht in die engere Auswahl genommen. Vielen Dank für Ihr Interesse an unserem Unternehmen. Für Ihren weiteren beruflichen Weg alles Gute und viel Erfolg.

Bitte lassen Sie sich nicht entmutigen. Dieses Mal hat ein anderer Kandidat besser zu unserer ausgeschriebenen Funktion/zur ausgeschriebenen Stelle gepasst. Ein anderes Mal könnten Sie das sein. Viel Erfolg auf Ihrem weiteren beruflichen Weg.

Herzlichen Dank für die Einladung zu Ihrer Veranstaltung. Das Thema interessiert mich sehr, doch mein Kalender informiert mich, dass dieser Termin bereits vergeben ist. Ich freue mich, wenn Sie bei Ihrer nächsten Veranstaltung wieder an mich denken. Viel Erfolg ...

Dieses Mal erhalten Sie eine Absage zu X von mir. Lassen Sie sich jedoch nicht davon abhalten, das nächste Mal wieder an mich zu denken.

Vielen Dank für Ihr Engagement und Ihr Angebot. Wir haben uns dieses Mal für ein günstigeres/anderes Angebot entschieden.

Sie haben uns ein sehr umfangreiches/aussagekräftiges Angebot erstellt, danke dafür. Bei dieser Auftragsvergabe haben wir uns für ein anderes Unternehmen entschieden. Der Grund dafür ist: Lieferzeit/Preisgestaltung/Projektabwicklung/Design etc. Wir freuen uns, wenn Sie uns beim nächsten Mal wieder ein Angebot legen. Viel Erfolg bis dahin.

Formulierungen für „Dies und Das"

Sie kennen sicher Situationen, in denen wir dringend von anderen etwas brauchen oder einen Termin bestätigen möchten. Wie schreiben wir das am besten höflich, schnell und konfliktfrei?

Termin bestätigen: Wir haben den Termin ... gerne für Sie reserviert. Für den raschen Überblick finden Sie hier alle Eckdaten/Informationen: wo, wann, wie lange, wer, evtl. Agenda mit Zielen. Wir wünschen Ihnen eine gute Anreise.

Termin bestätigen: Wir freuen uns, dass wir uns am ... persönlich kennenlernen/Sie bei uns zu begrüßen. Das Meeting beginnt um ..., diese Personen nehmen noch daran teil: ...

Rasche Antwort einfordern: Um das Angebot rasch für Sie erstellen zu können, brauchen wir noch folgende Angaben von Ihnen: ... Danke, dass Sie uns diese bis ... zuschicken.

Rasche Antwort einfordern: Damit Sie Ihre Bestellung nächste Woche schon im Haus haben, schicken Sie uns die Auftragsbestätigung bis spätestens morgen, den DATUM zu, danke.

Rechnung zuschicken: Schön, dass Sie sich für unser Angebot entschieden haben. Der Auftrag ist nun erledigt/abgewickelt/beendet. Sie finden hier Ihre Rechnung.

Rechnung zuschicken: Vielen Dank für Ihr Vertrauen und Ihren Auftrag. Sie finden hier als Abschluss Ihre Rechnung. Wir freuen uns schon auf eine weitere erfolgreiche Kooperation/Zusammenarbeit.

Informationen oder Unterlagen urgieren: Um alle Ideen für X berücksichtigen und einbinden zu können, senden Sie mir Ihre Anregungen/Ideen dazu bis spätestens bis DATUM zu. Ich bin schon gespannt darauf.

Was hat Lego mit Schreiben zu tun?

Informationen oder Unterlagen urgieren. Es ist wieder mal so weit: die monatlichen/Quartals-Berichte kommen auf uns zu. Danke, dass ihr rechtzeitig daran denkt, eure Zahlen/Ergebnisse einzutragen. Ein großes Danke von allen Kollegen und Kolleginnen, die dann damit weiterarbeiten können.

So hinterlassen Sie einen guten letzten Eindruck – stilvolle Schlusssätze

Der Schlusssatz hat wenig mit dem Inhalt des E-Mails zu tun. Er steht vor der Grußformel und hinterlässt einen letzten Eindruck, im besten Fall einen positiven. Er bietet auch die Möglichkeit, Ihrem E-Mail eine persönliche Note zu geben. Selbstverständlich hängt er vom Anlass der Nachricht ab.

Unsere Experten für X freuen sich auf Ihren Anruf.

Unser Service/Die Qualität unserer Produkte werden Sie begeistern.

Wir freuen uns, wenn wir Sie mit der Qualität unserer Leistungen überzeugen können.

Wir sind schon gespannt auf Ihr Feedback und freuen uns auf die Zusammenarbeit.

Vielen Dank für Ihr Verständnis und Ihr Entgegenkommen.

Bitte melden Sie sich, sollten Sie noch Fragen zu … haben, danke.

Sie haben noch Fragen, bevor Sie sich entscheiden? Dann melden Sie sich doch ganz rasch/ganz einfach bei uns.

33. Wenn ein Löffelchen voll Zucker bittere Medizin versüßt – die Sandwich-Methode

Nicht immer können wir unserem Leser ausschließlich Positives berichten. Manchmal müssen wir eine schlechte Nachricht überbringen. Gerade diese E-Mails zu schreiben, fällt uns oft besonders schwer. Wir haben bemerkt, dass sich viele Menschen in solchen Fällen hinter passiven Sätzen verstecken, „man-Formulierungen" wählen oder sehr sachlich und kurz oder sehr weitschweifig schreiben.

Eine einfache und bewährte Methode, wie wir schlechte Nachrichten elegant verpacken, ist die Sandwich-Methode. Stellen Sie sich ein Sandwich vor, den Boden, die Füllung und einen Deckel darauf.

Wir nutzen beim Schreiben einige Prinzipien, die Sie hier schon gelesen haben: das Priming und die Wirkung des letzten Wortes.

- *Erster Teil des Sandwiches – positiver Einstieg (Priming):* Schaffen Sie eine positive Leseatmosphäre und stimmen Sie den Leser freundlich(er). Achten Sie gerade jetzt auf positive Worte und Formulierungen. Sie können auch einfach das Thema oder Anliegen des Kunden kurz zusammenfassen.

- *Mittlerer Teil des Sandwiches – die negative Nachricht:* Viele Menschen schätzen es, wenn sie klare Informationen erhalten, ohne dass um den heißen Brei herumgeredet wird. Sie kennen das vielleicht, ein Pflaster abziehen schmerzt. Je kürzer und schneller Sie das Ganze hinter sich bringen, desto besser ist es. Genauso verhält es sich mit der negativen Information, die Sie nun im Mittelteil geben. Halten Sie diese kurz, sachlich, knapp und klar.

- *Letzter Teil des Sandwiches – positiver Abschluss:* Schreiben Sie noch einen positiven Abschluss, eine Zusammenfassung oder einen Dank. Wenn es Alternativen oder andere Lösungen gibt, bieten Sie diese an. Achten Sie hier auf das letzte Wort im Satz, denn dieses bleibt besonders in Erinnerung.

Alle Informationen am Ende eines Absatzes, eines Gesamttextes oder auch am Ende eines Satzes bleiben länger im Gehirn haften, deshalb auch länger in Erinnerung. Gerade zum Schluss noch etwas Positives zu lesen, sorgt dafür, dass Sie und Ihr E-Mail in emotional positiver Erinnerung bleiben.

Sie möchten gerne Beispiele für eine Sandwich-Struktur lesen?

Herzlichen Dank für die Einladung zu Ihrem Vortrag. Das Thema klingt sehr spannend, mein Termin-Kalender zeigt mir, dass ich zu diesem Zeitpunkt auf Dienstreise bin. Ich freue mich, wenn Sie beim nächsten Mal wieder an mich denken.

Vielen Dank, dass Sie uns sofort über den Defekt bei X informiert haben. Wir haben gleich per Fernwartung eine Fehleranalyse durchgeführt: Der Bauteil X ist defekt und muss ersetzt werden. Wir haben diesen schon beim Hersteller bestellt und soeben die Information erhalten, dass er Montag nächster Woche direkt zu Ihnen geliefert wird. Am Montag ist ein Techniker bei Ihnen, um den Ersatzteil einzubauen.

Ich merke, Sie kennen sich in vielen Anwendungen des Programmes schon sehr gut aus. Um diese spezielle Funktion gut nutzen zu können, brauchen Sie eine Schulung, diese ist kostenpflichtig. Dadurch können Sie sich Ihren Arbeitsalltag um ein Vielfaches erleichtern.

Zusammenfassung – Was hat Lego mit Schreiben zu tun?

» Speichern Sie häufig genutzte Formulierungen als Textbausteine oder Schnellbausteine. Diese helfen Ihnen, Zeit zu sparen. So können Sie auf Knopfdruck gute und überlegte Formulierungen einsetzen.

» Entstauben Sie verstaubte Formulierungen, schreiben Sie frisch, klar und modern. Vor allem die vier Klassiker der verstaubten Formulierungen bieten sich an, die eigenen Texte kritisch anzuschauen.

» Nutzen Sie die „Schatzkiste für gelungene Formulierungen" um sich für Ihre eigenen Texte Anregungen zu holen oder sich inspirieren zu lassen.

» Verpacken Sie negative Nachrichten oder Informationen wie in einem Sandwich zwischen zwei positiv formulierten Sätzen.

VII. So fällt Schreiben leicht

Harald sitzt vor seinem Computer und starrt den Monitor an, als Margit ins Büro kommt. „Was machst du denn da? Siehst aus, als wolltest du den Monitor hypnotisieren", lacht Margit. „Ich muss schnell eine Anfrage schreiben, aber ich weiß wieder nicht, wie ich anfangen soll", mault Harald. „Außerdem soll ich in fünf Minuten beim Meeting sein und dann gleich weiter zum Kundentermin. Ich habe echt keine Ahnung, wann ich meine ganzen E-Mails beantworten soll", jammert er weiter. Margit nickt verständnisvoll. „Ja, das kenne ich. Mir fehlt auch oft die zündende Idee für den Anfang eines E-Mails. Wenn der erste Satz mal dort steht, geht es ja. Aber bis der Satz dort steht, ist es eine einzige Quälerei."

34. Sich zum Schreiben einstimmen: Power-Poses

Power-Poses sind verschiedene Körperhaltungen, die Macht und Energie zum Ausdruck bringen. Die amerikanische Sozialpädagogin Amy J. C. Cuddy[21] von der Harvard Business School hat nachgewiesen, dass zwei Minuten in veränderter Körperhaltung den gesamten Hormonhaushalt verändern. Sie hat dafür in einem Experiment an 42 Personen den Testosteron- und Cortisol-Spiegel gemessen. Testosteron ist das sogenannte Dominanz-Hormon. Cortisol ist als Stress-

Körper-
haltung
+ Stimmung

Hormon bekannt. Menschen in Macht- und Führungspositionen verfügen meist über einen hohen Testosteron- und einen geringen Cortisol-Spiegel. Menschen in untergeordneten Positionen hingegen haben einen hohen Cortisol- und einen geringen Testosteron-Spiegel.

Im Experiment teilte sie die 42 Männer und Frauen in zwei Gruppen. Gruppe 1 nahm zwei Minuten sogenannte High-Power-Poses (Viel-Macht-Positionen), Gruppe 2 sogenannte Low-Power-Poses" (Wenig-Macht-Positionen) ein. Davor und danach wurden Blut- und Speichelproben entnommen, um Testosteron- und Cortisol-Gehalt zu messen. Im Anschluss wurde bei einem Glücksspiel die Risikobereitschaft überprüft.

Bei den Power-Posern stieg der Testosteron-Wert um etwa 20 Prozent, der Cortisol-Wert hingegen sank um etwa 25 Prozent. Bei der zweiten Gruppe stieg der Cortisol-Wert um 15 Prozent, der Testosteron-Wert sank um etwa 10 Prozent. Die Risikobereitschaft stieg bei Gruppe 1: ganze 86 Prozent waren zum Glücksspiel bereit. Bei Gruppe 2 waren es lediglich 60 Prozent.

In weiterer Folge hatten die getesteten Personen ein Vorstellungsgespräch zu absolvieren. Dabei wurden sie gefilmt und von einer Jury beobachtet. Die Power-Poser hinterließen allesamt einen besseren Eindruck und überzeugten durch ihr sicheres Auftreten. Sie hätten den Job bekommen. Die Ergebnisse der Studie sind erstaunlich. Bedenkt man, dass zwei Minuten in veränderter Körperhaltung den gesamten Hormonhaushalt verändern können. Cuddy ist demnach überzeugt: „Unser Körper ändert unser Bewusstsein."

Dieses Experiment zeigt eindrucksvoll, wie Sie Ihr Selbstbewusstsein und Ihr Auftreten aufgrund verschiedener Körperhaltungen beeinflussen können. Unsere Körperhaltung bestimmt außerdem, wie wir von anderen wahrgenommen werden.

Sie können sich mit High-Power-Poses auch in die richti-

So fällt Schreiben leicht

ge Stimmung fürs Schreiben bringen – und das in nur zwei Minuten.

Wir beschreiben hier kurz die High-Power-Poses:

- *„Wonder Woman"*: aufrechte, stehende Körperhaltung, Beine schulterbreit auseinanderstellen und Arme in die Hüften stemmen. Brust raus, Blick nach oben gerichtet – übrigens auch für Männer geeignet.

- *„Chef Sessel:"* sitzende Körperhaltung, auf dem Sessel zurücklehnen, Hände hinter dem Kopf verschränken. Sie können auch die Füße auf den Tisch oder ein Bein am Boden abstellen, das andere mit dem Knöchel am Knie ablegen.

- *„Marathon Sieger"*: die Arme nach oben strecken, als hätten Sie soeben einen Marathon gewonnen. Dabei können sie gerne erfreut „Ja" oder „Ja, ich habe es geschafft" rufen. Lachen oder lächeln Sie dabei.

- *„In den Startlöchern"*: beide Hände breit auf den Tisch lehnen und Füße in Schrittposition. Eignet sich sehr gut bei Diskussionen oder Verhandlungen, egal ob Sie sitzen oder stehen.

- *„Stolzbein"*: Schieben Sie Ihr Brustbein – Ihr „Stolzbein" nach vorne. Dies ist die unauffälligste Power-Pose. Sie richten sich automatisch auf, Ihre Schultern sinken nach unten, Sie entspannen sich und wirken selbstbewusst.

Natürlich sind die Power-Poses nicht nur als Einstimmung fürs Schreiben geeignet. Sie können sich damit für jede Präsentation oder jedes wichtige Gespräch vorbereiten und entsprechend selbstbewusst auftreten.

35. Die Angst vor dem leeren Bildschirm: Shitty first draft

Laut der Studie in Kapitel 15 bekommen wir durchschnittlich 121 E-Mails pro Tag. Doch Sie sind den ganzen Tag nicht nur damit beschäftigt, E-Mails zu lesen und zu schreiben. Dutzende andere Aufgaben füllen Ihren Terminkalender. Entsprechend groß ist der Zeitdruck beim Schreiben. Immer wieder hören wir von unseren Seminarteilnehmern, dass sie *heikle und wichtige E-Mails* vor sich herschieben, bis es fast zu spät ist. Neben dem tatsächlichen Zeitdruck ist das größte Problem das „Wie fange ich an?". Wenn Sie an all die Tipps denken, die Sie bisher gelesen haben, kann sich der Knopf im Kopf ganz leicht lösen.

Oft machen wir uns den Druck, auf Anhieb die perfekte Formulierung, das perfekte E-Mail schreiben zu wollen. Dann passiert es schon mal, dass wir das Schreiben vor uns herschieben, bis wir genügend Zeit haben, bis wir uns voll darauf konzentrieren können, bis wir alle Informationen beisammenhaben und vieles mehr – da fallen uns viele Argumente ein.

Wir konnten bei uns selbst beobachten, dass wir alle möglichen Dinge erledigen, statt ein heikles E-Mail zu schreiben: Seminarunterlagen überarbeiten, Bücher lesen auf der Suche nach neuen Ideen, Buchhaltungsbelege sortieren und die Ablage erledigen. Um sich dem Schreiben zu entziehen, werden Menschen unglaublich kreativ.

In einem Schreibcoaching lernten wir etwas „Erleichterndes" kennen. Eine Methode, die uns den Druck vom Schreiben genommen hat – das Freewriting.

Eine der Verfechterinnen dieser Methode, Anne Lamott, nennt diese erste Phase des Schreibens „Shitty first draft"[22]. Dabei geht es darum, mit geringem Anspruch an den Text einfach draufloszuschreiben. Anne Lamott vertritt die Ansicht, nur wer sich erlaubt Schrott zu schreiben, hat

So fällt Schreiben leicht

die Chance, brillante Formulierungen in seiner Rohfassung zu finden.

Diese Erlaubnis, Unausgegorenes, Halbfertiges aufs Papier zu bringen, war sehr befreiend für uns. Ohne „Shitty first draft" wäre dieses Buch nie entstanden. Seit wir mit dieser Methode arbeiten, schieben wir das Schreiben nicht mehr auf. Der innere Anspruch, sofort den perfekten Text zu schreiben, fällt weg, dadurch arbeitet unser Gehirn ohne Druck, ohne Stress und deutlich kreativer.

Wenn wir unseren „Shitty first draft" später wieder hernehmen, um ihn zu überarbeiten und zu verbessern, sind wir oft erstaunt, wie gut, kreativ, flüssig und vollständig der Text schon ist. Das Überarbeiten macht dann Spaß und geht ganz schnell. Probieren Sie es selbst aus!

 Tipps, wie es einfach gelingen kann, eine schnelle erste Fassung eines E-Mails zu schreiben.

- Beginnen Sie inhaltlich mit dem Punkt, der für Sie am leichtesten zu schreiben ist. Egal ob er der richtige Einstieg für das E-Mail ist. Hauptsache, Sie fangen an!

- Schreiben Sie ins An-Feld auf keinen Fall den endgültigen Empfänger. Das schützt Sie vor zu raschem Absenden.

- Stellen Sie sich die Stoppuhr auf Ihrem Handy auf 5, 7 oder 10 Minuten, in denen Sie nichts anderes machen als schreiben. Sie heben in dieser Zeit kein Telefon ab, surfen nicht im Internet. Nichts soll Sie vom Schreiben ablenken. Diese kurze Zeitspanne schafft den notwendigen Druck dranzubleiben.

Gleichzeitig wissen Sie, dass Sie es schnell hinter sich bringen werden.

■ Sorgen Sie sich nicht um Rechtsschreibung, Satzzeichen und Grammatik. Darum kümmern Sie sich später.

■ Bei „Shitty first draft" geht es nicht um die Qualität des Geschriebenen, sondern um die Quantität. Wenn Sie so wollen, geht es darum, loszuschreiben. Erst im zweiten Schritt kümmern Sie sich um stimulierende, freundliche und klare Formulierungen.

Für viele Menschen ist es leichter, aus einer Vorlage einen neuen Text zu erstellen, als komplett von vorne anzufangen. Mit dieser Methode schaffen Sie sich selbst eine Vorlage.

Nachdem Sie die schnellgeschriebene erste Fassung des Textes haben, beginnen Sie diesen zu überarbeiten. Wenden Sie dabei K.I.S.S.S.S.® und die Tipps an, die Sie in den vorherigen Kapiteln gelesen haben.

Kurz schreiben heißt lange nachdenken. *„Lieber Freund, entschuldige meinen langen Brief, für einen kurzen hatte ich keine Zeit"*, begann Charlotte von Stein (1742–1827), Hofdame in Weimar, einen Brief an Johann Wolfgang von Goethe. Unter Textern ist es ein offenes Geheimnis, dass ein kurzer Text mehr Aufwand bedeutet als ein langer Text.

Um kurz und prägnant zu schreiben, müssen wir genau wissen, was wir aussagen wollen. Mit einem „Shitty first draft" schreiben wir zuerst alle unsere Gedanken und Ideen rund um das Thema zusammen. Danach lassen wir ihn – zumindest für ein paar Minuten – abliegen. Strecken Sie sich durch, beschäftigen Sie sich gedanklich mit etwas anderem, machen Sie eine kurze Pause oder widmen Sie sich einer anderen Aufgabe.

Lesen Sie sich etwas später ganz kritisch Ihren Erstentwurf durch. Nun strukturieren Sie, ändern und ergänzen Sie, verbessern Sie den Satzbau und die Wortwahl. Voilà!

Probieren Sie es beim nächsten heiklen E-Mail aus und lassen Sie sich überraschen, wie der „Shitty first draft" Ihnen hilft, das E-Mail klarer zu formulieren.

 Ein Tipp für besonders heikle, sensible oder wichtige Texte – fern vom E-Mail:
Probieren Sie aus, die erste Fassung Ihres Textes mit der Hand zu schreiben und nicht gleich am Computer. Es gibt eine Studie, die belegt, dass das Schreiben mit der Hand unser Gehirn stimuliert, wir dadurch kreativer sind und daher leichter in den Schreibfluss kommen. Dadurch liest sich der Text flüssiger. Außerdem verhindern Sie mit dem handschriftlichen Schreiben das „Rückwärts-Schreiben". Damit meinen wir folgendes Phänomen: Sie tippen etwas hin, löschen es wieder weg, schreiben erneut etwas hin, um es wieder wegzulöschen, weil Ihnen die Formulierung nicht gefällt. Dieses „Rückwärts-Schreiben" kostet oft viel Zeit und hindert vor allem den Schreibfluss.

Zusammenfassung – So fällt Schreiben leicht
Statt das Schreiben von E-Mails vor sich herzu-
schieben, gibt es wirkungsvolle Methoden, um ins
Schreiben zu kommen:

» Stimmen Sie sich mit Power-Poses zum
  Schreiben ein.
» Schreiben Sie einen „Shitty first draft", eine
  schnelle erste Rohfassung des Textes.
» Lassen Sie das An-Feld frei, damit Sie den
  »Shitty first draft« nicht unabsichtlich ab-
  senden.

VIII. Ihr Auftritt bitte!

Margit stürmt zu Harald ins Büro, um ihrem Ärger Luft zu machen. „Jetzt hat mich doch tatsächlich gerade ein Kunde am Telefon angepöbelt!", ruft sie aufgeregt. „Wieso? Was ist denn passiert?" „Er hat sich über den Tonfall in meinem E-Mail aufgeregt. Er meinte, ob ich eigentlich schon mal unseren Werbeslogan gehört habe. Denn so wie ich ihm geschrieben habe, scheint das nicht der Fall zu sein und er will sich bei meinem Chef über mich beschweren!", braust Margit weiter auf. „Nur weil die Werbefritzen unser Unternehmen im Werbespot als super-kundenfreundlich anpreisen, muss ich mir von jedem Kunden alles gefallen lassen? Wenn er das Produkt falsch anwendet, kann ich ja nichts dafür!", beschwert sich Margit.

Immer wieder klafft eine große Lücke zwischen dem, wie sich Unternehmen in der Werbung präsentieren und wie Sie in der alltäglichen Korrespondenz mit Kunden kommunizieren. Während der Werbespot das Unternehmen als modern und innovativ darstellt, stehen im E-Mail an den Kunden verstaubte Formulierungen wie „Im Anhang übermitteln wir das gewünschte Angebot. Wir ersuchen um geschätzte Kenntnisnahme".

Derartige Stilbrüche in der Kommunikation verwirren den Kunden nicht nur, sie können auch das teuer aufgebaute Image eines Unternehmens beeinträchtigen.

Ein Experte für Unternehmenssprache, Hans-Peter Förster, formuliert es scharfzüngig: „Schriftliche Inkompetenz sollte sich heute keiner mehr leisten. Der wirtschaftliche Schaden, der jährlich durch Text-Einheitsbrei in Korrespondenz, Produktbeschreibungen, Stelleninseraten, Bedienungsanleitungen, Gebäudebeschilderungen und Geschäftsberichten entsteht, ist nicht zu fassen."[23]

Hans-Peter Förster hat den Begriff *Corporate Wording* begründet. Strategisch geht es bei Corporate Wording darum, eine Alleinstellung des Unternehmens durch Sprache zu schaffen und sich so vom Mitbewerb abzuheben. Während Corporate Design das einheitliche Erscheinungsbild des Unternehmens festlegt, legt Corporate Wording die Tonalität fest. Das heißt, alle Marketing-Materialien des Unternehmens wie Webseite, Folder und Werbeauftritt sind in einem bestimmten sprachlichen Stil gestaltet, der sich jedoch nicht auf diesen Außenauftritt des Unternehmens beschränken sollte. Das Corporate Wording soll die gesamte interne und externe Kommunikation des Unternehmens umfassen. Gerade auch in der E-Mail-Kommunikation mit Kunden und Lieferanten sollen Tonfall und sprachlicher Stil zum Unternehmen passen.

Hans-Peter Förster beschreibt es so: „Corporate Wording liefert das Konzept für eine unternehmerische Schreibkultur. Das Wording steht allumfassend für Sprachstil, Wortlaut und Textfassung. ... Ein Design Manual beschreibt die visuelle Identität, das Corporate Wording die sprachliche Identität. ... Ein drittklassiger Brief wertet die mitgesandte erstklassige Unternehmensbroschüre ab. Ein Begleittext wie „beigefügt erhalten Sie zur Kenntnisnahme unsere aktuelle Presse-Information" macht den Inhalt der lesenswerten Meldung zunichte".[23]

Viel Geld wird in Werbung und Marketing investiert. Oft wird nicht bedacht, dass jeder einzelne Mitarbeiter ebenfalls Werbung und Marketing macht, egal ob er telefoniert, schreibt oder persönlich mit Kunden spricht. Es gibt immer noch viel zu viele Unternehmen, die die Einstellung haben: „Schreiben lernen alle Mitarbeiter in der Schule."

Für unsere firmeninternen Seminare stimmen wir uns zum Vorbereiten immer mit der Marketing- oder PR-Abteilung ab. Wir besprechen unter anderem folgende Themen: einheitliche Signatur, Schriftart, Schriftgröße, Grußformeln, Out of Office Reply, Disclaimer, Werbung und im Unternehmen unerwünschte Worte und Formulierungen. Weitere Punkte sind das Verwenden von Cc, Bcc und Abkürzungen.

Es wird meist davon ausgegangen, dass alle Mitarbeiter diese Unternehmensvorgaben kennen und anwenden.

Sehr spannend ist es dann immer im Seminar, wenn die Hälfte der Teilnehmer diese Vorgaben nicht einmal kennt und die andere Hälfte sie nicht umsetzt.

36. Vor- und Nachteile eines einheitlichen Schreibstils

Ein Corporate-Wording-Konzept hat den Vorteil, dass das Unternehmen in einem einheitlichen Sprachstil nach außen auftritt und in der Sprachwelt der Zielgruppe kommuniziert. Gleichzeitig kann es Mitarbeiter beim Schreiben entlasten und somit viel Zeit und Geld sparen.

Was uns aber auch zu einem Nachteil bringt: Sind die Corporate-Wording-Vorgaben zu eng formuliert, können sie die Mitarbeiter in der eigenen Kreativität einengen oder unpassend für den Kunden sein.

Wird Corporate Wording von einer Agentur entwickelt, ohne die Mitarbeiter einzubinden, kann das zur Ablehnung führen.

Hans-Peter Förster arbeitet mit vier Sprachstilen, die er den unterschiedlichen Zielgruppen und Persönlichkeitstypen zuordnet.

37. Welcher Stil passt zu Ihrem Unternehmen?

■ *Sachlich texten:* Der sachliche Schreibstil empfiehlt sich vor allem für Unternehmen und Branchen, die sich mit klaren Strukturen, Abläufen, Produkten oder Prozessen präsentieren wollen. Hier geht es um klare, geradlinige Botschaften, um Zahlen, Daten und Fakten. Eine klare, einfache Sprache mit kurzen Sätzen und guter Struktur vermittelt dies am ehesten.
Anregungen für die Wortwahl finden Sie ab Kapitel 12 vor allem beim Denker und Macher.

■ *Konservativ texten:* Der konservative Schreibstil eignet sich besonders für Unternehmen, bei denen es um Werte, Kompetenz, Ordnung, Beständigkeit, Qualität und Seriosität geht. Das zeigt sich in einem korrekten Schreibstil und einer konservativen, traditionsbewussten Wortwahl.
Wenn Sie sich in diesem Bereich besonders positionieren möchten, finden Sie Anregungen ab Kapitel 12 beim Bewahrer.

■ *Erlebnisreich texten:* Stellen Sie sich ein Reisebüro vor, das konservativ oder sachlich textet. Würden Sie dort Ihre Erlebnisreise oder Ihren Wohlfühlurlaub buchen? Hier ist es wichtig, Erlebnisse, Visionen, Ideen und Begeisterung in jedem E-Mail zu vermitteln. Erlebnisreich texten Sie mit bildhafter Sprache oder kurzen Geschichten.
Ideen dafür holen Sie sich einfach ab Kapitel 12 beim Entertainer.

■ *Emotional texten:* Beim emotionalen Schreibstil geht es darum, Emotionen zu wecken und zu vermitteln. Das geht auch mit Technik – wie uns Apple eindrücklich bewiesen hat. Passt dieses Image zu Ihren Produkten und Dienstleistungen? Hier geht es um eine starke Bindung des Kunden zum Unternehmen. Kunden und

Unternehmen bilden eine Community, haben gemeinsame Erlebnisse und eine gemeinsame Sprache. Anregungen finden Sie dafür beim Bewahrer und auch beim Entertainer (ab Kapitel 12).

38. Love-Words und No-Words in der Unternehmenssprache

In den seltensten Fällen wird ein Schreibstil in seiner Reinform verwendet. Doch es soll für alle im Unternehmen klar sein, welche Sprachkultur vorrangig verwendet wird. Dann ist ein authentischer Auftritt nach außen möglich und kann von allen auch umgesetzt werden.

In jedem Corporate Wording werden „Love-Words" und „No-Words" definiert. Mit Love-Words sind Begriffe gemeint, die zum Image des Unternehmens passen und von den Mitarbeitern auch verwendet werden sollen. No-Words gehören aus der Unternehmenssprache verbannt und werden nicht verwendet.

Sie können sich sicher vorstellen, dass ein „Hallo" als Anrede in einem Rechtsanwaltsbüro mit einem sachlich-konservativen Schreibstil ein No-Word ist.

Bei einer Werbeagentur mit einem kreativ-emotionalen Schreibstil gehört die Formulierung „Ich veranlasse, dass Sie die Unterlagen umgehend erhalten werden" auf die No-Word-Liste.

Ein besonders gelungenes Corporate-Wording-Konzept, dass konsequent seit Jahrzehnten umgesetzt wird, lebt Ikea. Als das erste Möbelhaus 1974 im deutschsprachigen Raum eröffnet wurde, brachte das nicht nur eine kleine Revolution in Sachen Einrichtung, sondern vor allem in der neuen Form der Kunden-Ansprache. Ikea war das erste Unternehmen, das seine Kunden per Du ansprach, und es unterstrich damit sein jugendlich-freches Auftreten. Bis heute werden Kunden im Katalog, auf Plakaten, in Werbebriefen und im Möbelhaus konsequent per Du angesprochen. Einzig in den Allgemeinen Geschäftsbedingungen wird das förmliche Sie verwendet. Die Mischung aus erlebnisorientiertem und emotionalem Sprachstil hebt Ikea deutlich vom Mitbewerb ab und ist stimmig mit dem Image des Unternehmens. Eine derartige Konsequenz im sprachlichen Stil, vor allem über Jahrzehnte, ist nur bei wenigen Unternehmen zu beobachten.

Überlegen Sie daher für Ihre Firma: Welches Image wollen Sie haben? Welcher Sprachstil passt am besten dazu? Wenn Sie dann kritisch Ihre Firmenunterlagen und eigenen E-Mails betrachten, werden Sie vielleicht bemerken, dass hier ein paar Veränderungen angebracht sind.

In Kapitel 31 finden Sie ein paar Anregungen dazu, wie Sie verstaubte Formulierungen modern und frisch schreiben können.

Zusammenfassung – Ihr Auftritt bitte!
Ein einheitlicher sprachlicher Auftritt des Unternehmens vermeidet Stilbrüche, die den Kunden verwirren können.

Es gibt vier unterschiedliche Corporate-Wording-Stile:
» *Sachlicher Sprachstil:* In klaren Botschaften werden Zahlen, Daten und Fakten formuliert.
» *Konservativer Sprachstil:* Hier wird besonders Wert auf Kompetenz und Glaubwürdigkeit gelegt.
» *Erlebnisreicher Sprachstil:* Bildhaft und mit kurzen Geschichten werden Ideen und Begeisterung vermittelt.
» *Emotionaler Sprachstil:* Dieser will Emotionen wecken und eine starke Bindung herstellen.

IX. Dynamisches
E-Mail Management

„Es ist zum Haare raufen", jammert Harald, als er Margit kurz vor Dienstschluss beim Kopierer trifft. „Ich habe das Gefühl heute nichts erledigt zu haben!", beschwert er sich. „Wieso? Ich habe dich fast den ganzen Tag vor dem Computer sitzen gesehen", meint Margit erstaunt. „Ja eh! Ich habe aber seit in der Früh nur E-Mails gelesen und beantwortet und versucht, Struktur und Überblick in meinen Posteingang zu bekommen", ärgert sich Harald.

So oder so ähnlich geht es wohl vielen von uns. Um die tägliche E-Mail-Flut besser in Griff zu bekommen, reicht es leider nicht, sich nur um prägnante Formulierungen zu bemühen.

39. Tipps, um die E-Mail-Flut einzudämmen

Aus dem E-Mail-Alltag: Viele Menschen nutzen ihren Posteingang als Ablage und Archiv. Wir haben schon Posteingänge mit mehr als 1000 E-Mails gesehen. Wie hoch ist der Stressfaktor, wenn der Posteingang geöffnet wird? Entsteht das Gefühl irgendwann einmal mit der Arbeit fertig zu werden? Eher nein. Menschen mit solch einem Posteingang sind meist auch in ihrem Zeitmanagement unstrukturiert und ständig am Nacharbeiten. Das führt im Zusammenarbeiten oft zu Schwierigkeiten und Konflikten.

 **Hier finden Sie praxisorientierte und bewährte Tipps aus unseren E-Mail und Zeitmanagement-Seminaren.**

- *Sie haben Post!* Stellen Sie als Erstes Ihren E-Mail-Alarm ab! Ob wahre Klang-Kaskaden, ein einfaches Beep-Beep oder nur ein optisches Signal. Jede noch so unwichtige Nachricht stört unsere Konzentration – denn die Neugierde ist stärker, schließlich hat sie ja unser Überleben bisher gesichert. Es ist absolut nicht nötig, dass wir jedem eingehenden E-Mail sofort unsere ganze Aufmerksamkeit schenken. Nach jeder Unterbrechung brauchen wir zwischen drei und vier (!) Minuten, um wieder den vorherigen Konzentrationsgrad zu erreichen. Machen Sie sich den Spaß und nehmen Sie sich die Zeit, rechnen Sie das auf einen Arbeitstag hoch.
- *Blocken Sie die Zeiten, in denen Sie Ihre E-Mails bearbeiten.* Sofern Sie nicht im Kundenservice arbeiten, empfehlen wir, Ihre E-Mails mehrmals pro Tag geblockt zu bearbeiten. Wir haben uns dafür fixe Zeiten vorgenommen: Wir starten mit einer wichtigen Aufgabe in den Tag, erst danach bearbeiten wir unsere E-Mails. Kurz vor dem Mittagessen, im Nachmittagstief und vor dem Nachhause-Gehen sind die nächsten Blöcke, um E-Mails abzuarbeiten.
  Durch das geblockte Abarbeiten wird Ihre sonstige Arbeit nicht von E-Mails unterbrochen.
- *Mit den folgenden zwei Fragen geht alles einfacher.* Bisher haben Sie Ihre E-Mails vielleicht so bearbeitet:

Dynamisches E-Mail Management

Sie haben alle E-Mails kurz angelesen, einen Teil gleich beantwortet, einen Teil erst mal liegen gelassen und einige gleich gelöscht.

Erleichtern Sie sich die Arbeit mit E-Mails, indem Sie sich diese zwei Fragen stellen:

1. *Will/Muss ich darauf reagieren?* Wenn Nein, löschen bzw. archivieren Sie das E-Mail! Wenn Ja, stellen Sie sich die zweite Frage.

2. *Was ist meine nächste Aktion?* Damit stellen Sie sicher, dass Sie keinen Vorgang zur Hand nehmen, ohne ihn zumindest einen kleinen Schritt weitergebracht zu haben.

» Sie beantworten das E-Mail sofort (wenn es Sie nicht mehr als drei Minuten Zeit kostet).

» Sie leiten das E-Mail weiter – weil ein anderer die Aufgabe für Sie erledigen kann.

» Sie notieren sich einen Erledigungstermin für die Aufgabe – mit einem Stichwort, was zu tun ist.

■ *Profitieren Sie von der 3-Minuten-Regel.* Erledigen Sie ein E-Mail sofort, wenn das Bearbeiten oder Beantworten nur maximal drei Minuten dauert. Sie werden erstaunt sein, wie viel Sie in drei Minuten erledigen können. Alle anderen E-Mails setzen Sie auf Ihre „To-do-Liste". Verschieben Sie fertig bearbeitete E-Mails sofort nach dem Beantworten in den richtigen Ordner.

■ *Halten Sie Ihren Posteingang so leer wie möglich.* Ein überquellender Posteingang schafft schnell ein Gefühl der Überforderung und die Gefahr, etwas Wichtiges zu übersehen, ist groß. Alle E-Mails, die einen weiteren Arbeitsschritt erfordern, versehen Sie mit einem Termin oder einer Aufgabe. Die anderen E-Mails verschieben Sie in entsprechend benannte Ordner: To-do, Lesen, Besprechen.

■ *Legen Sie eine übersichtliche, für Sie sinnvolle Ord-*
ner-Struktur an.

Eine Ordner-Struktur kann	
nach Themen aufgebaut sein:	oder nach Projekten aufgebaut sein:
01_Kunden	01_Umzug
02_Lieferanten	02_Webauftritt
03_Marketing	03_Bewerbungen

Die Zahl vor dem Ordnernamen hilft, die Ordner in der für
Sie passenden Reihenfolge anzuzeigen. Wenn Sie keine Zahl
davor schreiben, reiht das E-Mail-Programm die Ordner alphabetisch.

■ *Vereinbaren Sie einheitliche Projektbezeichnungen*
und Projektnummern. Einigen Sie sich im Projekt-
team auf eine Projektnummer und Projektbezeichnung
für jedes Projekt. Also z.B. 4711 für Webauftritt, 0815
für Büro-Neugestaltung etc. Jedes Teammitglied soll
in der Betreffzeile zuerst die Projektnummer oder Projektbezeichnung anführen und dann, worum es geht.
z.B.: 4711 – Designentwürfe, Feedback bis 10. 6.
Wenn Sie eine entsprechende Regel erstellt haben,
wird das E-Mail-Programm alle E-Mails, die 4711
im Betreff stehen haben, gleich in den Ordner für das
Projekt Webauftritt verschieben. Somit haben Sie alle
E-Mails zu diesem Projekt in einem Ordner, was die
Übersicht enorm erhöht.

■ *Legen Sie einen „Park-Ordner" an.* Darin speichern
Sie alle E-Mails, die erst nach Eintreffen einer bestimmten Situation gelöscht werden können. Also z.B.
die Zu- oder Absagen zu einer Veranstaltung. Misten
Sie den Ordner regelmäßig aus.

- *Verschieben Sie Newsletter in einen „Lesestoff-Ordner"*. Durchforsten Sie einmal, welche Newsletter Sie bekommen und welche davon für Sie wirklich nützlich sind. Bei all jenen, die Sie die letzten Wochen und Monate nicht gelesen haben oder die Ihnen keinen wirklichen Nutzen gebracht haben, melden Sie sich ab. Die Newsletter, die übrigbleiben, lassen Sie durch eine Regel direkt in einen Ordner mit dem Namen „Lesestoff" oder was auch immer Ihnen gefällt, verschieben. Wenn Sie Zeit und Muße haben oder unterwegs eine unerwartete Wartezeit auftaucht, haben Sie einen Ordner, in dem Sie etwas zu lesen finden.
- *Nutzen Sie den E-Mail-Betreff als Erinnerungshilfe.* Geben Sie am Ende Ihres E-Mails eine klare Handlungsanweisung (auch wenn die bereits aus dem Text hervorzugehen scheint): Ersuchen Sie um Stellungnahme, Zusage, Termin etc.

  Und: Schreiben Sie diese Handlungsanweisung auch in den Betreff, also beispielsweise: „Terminzusage bitte bis zum 20.9." So erinnert Ihr E-Mail weiterhin an Ihr Anliegen, auch wenn der Empfänger dieses in seinem Eingangsordner „geparkt" hat. Ganz wichtig: Nennen Sie eine Deadline, bis wann Sie die Antwort spätestens brauchen.

  Nutzen Sie gerade für die interne Kommunikation die Short Tags (Kurzhinweise) wie [eom], [FYI] – weitere Anregungen finden Sie in Kapitel 19.
- *Löschen Sie unerwünschte E-Mails sofort.* Bei E-Mails geht es manchen Menschen wie mit Gegenständen. Man braucht sie nicht wirklich, aber vielleicht könnte man sie ja doch irgendwann brauchen. Trennen Sie sich davon! Wenn Sie eine Information nicht angefordert haben und sie für Ihre tägliche Arbeit nicht brauchen, löschen Sie diese!

- *Arbeiten Sie mit Filtern.* Mithilfe von Filtern können Sie in Ihrem Posteingang all jene E-Mails ausblenden, in denen Sie nur im Cc-Verteiler stehen. Das sollten alle E-Mails sein, die Sie nicht bearbeiten müssen, sondern nur zur Info bekommen. Wenn Sie den Filter aktivieren, sehen Sie sofort, welche E-Mails Sie bearbeiten müssen und verschaffen sich einen besseren Überblick.
- *Nutzen Sie die Regelfunktion.* MS Outlook, aber auch die meisten anderen E-Mail-Programme bieten die Möglichkeit, Regeln festzulegen. Damit können Sie E-Mails von bestimmten E-Mail-Adressen oder mit festgelegten Wörtern gleich in die richtigen Ordner verschieben lassen.

40. Schnell-Check für gern gelesene E-Mails

Mit dieser Checkliste überprüfen Sie, wie effektiv und leserorientiert Ihre E-Mails geschrieben sind.

	✓
Ist der Betreff treffend formuliert?	☐
Sind Anrede, Titel und Name korrekt geschrieben?	☐
Ist der erste Satz positiv geschrieben?	☐
Macht der Einstieg neugierig darauf, weiterzulesen?	☐
Stehen die wichtigsten Informationen in den ersten acht Zeilen?	☐
Ist der Inhalt verständlich formuliert?	☐
Ist klar, wer was bis wann erledigen soll?	☐
Wird der Nutzen für den Empfänger klar dargestellt?	☐

Werden kurze Hauptsätze verwendet? „Haben Sie jeden Beistrich gefragt, ob er lieber ein Punkt sein möchte?"	☐
Haben Sie Fremdwörter oder Fachbegriffe erklärt oder anders geschrieben?	☐
Werden alle Fakten, die notwendig sind, genannt?	☐
Entspricht der Stil Ihrer Antwort dem Stil des Schreibers (Spiegeln des Stils)?	☐
Haben Sie weniger Ich- und Wir-orientiert, sondern mehr SIE-orientiert formuliert?	☐
Gibt es verstaubte Formulierungen, die ersetzt werden können?	☐
Haben Sie mögliche passive Sätze schon aktiv formuliert?	☐
Welche -heit, -keit-, -ung und -ismus-Wörter haben Sie durch Verben ersetzt?	☐
Haben Sie unnötige Füllwörter ersatzlos gestrichen?	☐
Haben Sie auf Synonyme geachtet?	☐
Hat Ihr E-Mail eine gute Struktur? Nutzen Sie Aufzählungszeichen?	☐
Haben Sie nach maximal sechs Zeilen (gerechnet auf eine A4-Seite) eine Leerzeile oder einen Absatz gemacht?	☐
Haben Sie den Anhang angekündigt, als pdf gespeichert und korrekt benannt?	☐
Haben Sie mit der Rechtschreib-Prüfung Ihr E-Mail nochmal gecheckt?	☐
Haben Sie den Schluss des E-Mails individuell und positiv geschrieben?	☐

Zusammenfassung – Dynamisches E-Mail Management

Um die tägliche E-Mail-Flut besser in Griff zu bekommen, gibt es bewährte Methoden aus dem Zeitmanagement und der Büro-Organisation:

» Schalten Sie die Benachrichtigungs-Funktion aus.
» Blocken Sie – wenn möglich – die Zeiten, in denen Sie Ihre E-Mails bearbeiten.
» Nutzen Sie das 2-Fragen-Prinzip: Muss ich darauf reagieren? Was ist meine nächste Aktion?
» Profitieren Sie von der 3-Minuten-Regel – erledigen Sie alles sofort, was nicht länger als drei Minuten braucht.
» Legen Sie eine übersichtliche und klar bezeichnete Ordnerstruktur an. Geben Sie Ihren Ordnern klare und ansprechende Namen.
» Nutzen Sie den E-Mail-Betreff als Erinnerungshilfe, schreiben Sie Deadlines direkt in den Betreff.
» Löschen Sie unerwünschte E-Mails sofort, melden Sie sich von Newslettern, die Sie nicht lesen, einfach ab.
» Arbeiten Sie mit Filtern oder der Regelfunktion, um Ihren Posteingang übersichtlich zu halten.
» Machen Sie den Schnell-Check mit unserer Checkliste für leser-orientierte E-Mails.

X. Konfliktfalle Rechtschreibung!

Die häufigsten Fehler in der neuen deutschen Rechtschreibung

Harald sitzt im Büro und sortiert einige Unterlagen. Er ist voll konzentriert bei der Sache, auf einmal seufzt er tief und enttäuscht auf. „Was ist denn los?", fragt Margit. „Ach, es ist wirklich enttäuschend. Ich hole gerade die Angebote für das Projekt X ein. Ich lese das Angebot von der Firma Hudriwusch, von der ich mir am meisten erwartet habe. Doch schau dir das an, da sind gleich auf der ersten Seite ein paar Rechtschreibfehler. Und diesen Satz habe ich gerade dreimal lesen müssen, bis ich den verstanden habe." „Ja und? Wenn der Preis stimmt, passt das Angebot ja!", meint Margit. „Das sehe ich anders. Wer schon ein Angebot so schlampig schreibt, der arbeitet sicherlich auch schlampig. Diese Erfahrung habe ich immer wieder gemacht." Seufzend legt er das Angebot in die Rundablage.

Wenn es um das E-Mail-Schreiben geht, dann taucht sie automatisch auf: die neue deutsche Rechtschreibung. Wer nach 2006 eingeschult wurde hat es leicht, er hat diese schon in der Schule gelernt. Alle anderen sind sich manchmal unsicher:

Wie schreibe ich denn das eine oder andere Wort? Was hat sich verändert?

Korrekte Rechtschreibung und Grammatik werden als selbstverständlich vorausgesetzt! Bei dem aktuellen Wirrwarr von alter und neuer Rechtschreibung ist dies für die deutsche Sprache sicher eine Herausforderung. Deshalb nutzen Sie die Rechtschreibprüfung Ihres E-Mail-Programms – und zwar die Fassung der neuen deutschen Rechtschreibung![24] Oder Sie nutzen Online-Wörterbücher wie *Duden.de* oder *canoo.net*.

Erinnern Sie sich kurz an das Angebot der Firma Hudriwusch in unserer Geschichte. Welche Wirkung hatte es auf Harald? Wenig kompetent, unzuverlässig, schlampig, schnell und ungenau. Diesen Eindruck erweckt nicht nur der Verfasser des Angebotes, wir legen diesen Eindruck gleich wie einen Schatten über die Produkte, die Dienstleistungen – sprich über das gesamte Unternehmen.

41. Das Stamm-Prinzip

Bei der Zuordnung von Lauten und Buchstaben können Sie in den meisten Fällen so schreiben wie früher. In der Hauptsache bewirken die Neuregelungen Folgendes:

Abweichungen vom Stammprinzip werden nach Möglichkeit beseitigt. Dabei geht es um Wörter, die nach unserem Verständnis zwar zur gleichen Wortfamilie gehören, aber bisher dennoch unterschiedlich geschrieben wurden.

Die Gämse kletterte behände

Hier orientiert sich die neue Schreibweise wieder am Wortstamm, sodass Sie sich diese nicht mehr besonders einprägen müssen.

Umlaute: *behände, einbläuen, langstängelig, überschwänglich, Gämse*

Ein Tipp fürs Nummerieren
Nach kurzem Vokal werden die Konsonanten nun verdoppelt – die neue Schreibweise orientiert sich am Wortstamm. Verdoppelung: *nummerieren, Tipp, Karamell, Stopp*

Wann schreiben wir ss und wann ß?

Die Schreibung von *ss* und *ß* richtet sich nach dem Vokal (Selbstlaut), der *vor* dem s-Laut steht:

- Nach kurzen Vokalen schreibt man ss (Doppel-s).
- Nach langen Vokalen schreibt man ß (scharfes s oder Eszett).
- Nach Doppellauten (Diphthongen) wie ei, au, eu wird das ß verwendet.

Beispiele: der Fluss – das Floß; der Zuschuss; der Schluss; reißen – der Riss; das Maß – messen – die Masse; die Straße – die Gasse; bisschen; Boss; Stress; Missgunst; Missverständnis; genießen – der Genuss; wissen – ich weiß – ich wusste; müssen – ich muss; wir mussten

Es gibt allerdings einige *ausprachebedingte Sonderfälle*, die zu beachten sind: In Österreich gilt – ebenfalls wegen der Aussprache – weiterhin *Erdgeschoß* statt Erdgeschoss, *Wurfgeschoß* statt Wurfgeschoss, *Spaß* statt Spass.

Auch die Konjunktion *daß* wird neu regelgerecht mit Doppel-s geschrieben: *dass*.

Damit bleibt die unterschiedliche Schreibweise der Konjunktion *dass* und des Artikels bzw. Pronomens *das* weiterhin erhalten.

Beispiele:

- Ich hoffe, dass dir der Unterschied bewusst ist.
- Wir gehen davon aus, dass das zu Schwierigkeiten führen kann.
- Es war gut, dass das keiner wusste.
- Sie hatte erreicht, dass die Ergebnisse noch einmal überprüft wurden.
- Er glaubte, dass das Kind, das zur Schule geht, die Grammatik kennt.
- Hast du wirklich geglaubt, dass das stimmt?

RRR oder RR-R?

Wie schreiben wir, wenn drei gleiche Buchstaben zusammentreffen? Treffen bei einer Wortzusammensetzung drei gleiche Buchstaben aufeinander, bleiben alle erhalten. Auf diese Weise bleibt die Schreibung der Wortstämme erhalten.

Damit es besser gelesen werden kann, können wir bei Substantiven (Namenwort) einen Bindestrich setzen.

Beispiele:

- Kongress + Stadt = Kongressstadt/Kongress-Stadt
- Müll + Lagerung = Mülllagerung/Müll-Lagerung
- Kunststoff + Folie = Kunststofffolie/Kunststoff-Folie
- Verschluss +Sache = Verschlusssache/Verschluss-Sache
- Kaffee + Ersatz = Kaffeeersatz/Kaffee-Ersatz

Konfliktfalle Rechtschreibung!

Delfin und Tunfisch?

Im Deutschen gibt es eine große Zahl von Wörtern aus anderen Sprachen. Sie werden Fremdwörter genannt, selbst wenn es sich um durchaus bekannte und gebräuchliche Wörter handelt.

Fremdwörter werden häufig anders geschrieben als gesprochen. Werden diese allerdings oft verwendet, gleichen sie sich in ihrer Schreibweise häufig der deutschen Sprache an.

■ Die Wortbestandteile phon, phot und graph können durch fon, fot und graf ersetzt werden.

Beispiele:

» Mikrophon oder Mikrofon
» graphisch oder grafisch
» Paragraph oder Paragraf
» Orthographie oder Orthografie

In weiteren Einzelfällen werden *gh zu g, ph zu f und th zu t.*

» Joghurt oder Jogurt
» Spaghetti oder Spagetti
» Delphin oder Delfin
» Panther oder Panter
» Thunfisch oder Tunfisch

Ausnahmen: Einige Wörter werden nur mit ph geschrieben, f ist hier falsch:

» das ABC – Alphabet
» Material für Straßenbelag – Asphalt
» schweres Unglück oder Naturereignis – Katastrophe
» Versezeile in einem Gedicht – Strophe
» eine besondere Naturerscheinung – Phänomen
» ein Bild im übertragenen Sinn – Metapher

Auch Worte mit *th* bleiben unverändert:

» Wo kann man Medikamente kaufen – Apotheke
» Erkrankung der Atemwege – Asthma
» Schauspielhaus – Theater

- » beim Tanzen braucht man – Rhythmus
- » die Redekunst – Rhetorik
- ■ *Das essenzielle Potenzial:* Die Schreibung -zial/-ziell statt -tial/-tiell – wird jetzt in allen Fällen möglich, in denen sich das betroffene Wort einem verwandten Wort mit z zuordnen lässt:
  Beispiele:
  - » essentiell – essenziell – essential – essenzial
  - » Potential – Potenzial
  - » Differential – Differenzial
  - » sequentiell – sequenziell
  - » substantiell – substanziell
- ■ Auf Partys werden viele Storys erzählt. Wörter aus dem Englischen, die auf -y enden, erhalten im Plural ein -s. Das ist eine starke Vereinfachung und wir denken gar nicht mehr daran, dass die Mehrzahl im Englischen mit –ies gebildet wird.
  - » Baby – Babys
  - » City – Citys
  - » Party – Partys
  - » Story – Storys
  - » Lobby – Lobbys

42. Getrennt- und Zusammenschreibung

Wie Sie aus Ihrer täglichen Schreibpraxis wissen, gibt es gerade bei der Getrennt- und Zusammenschreibung häufig Zweifelsfälle und Unsicherheiten. Heißt es *haften bleiben* oder *haftenbleiben*, *Rad fahren* oder *radfahren*, *Eis laufen* oder *eislaufen*?

Mit der neuen Reform versucht man nun eine klarere Regelung. Weil aber nicht alle Fälle ganz eindeutig zu klären sind, sind häufig zwei Varianten erlaubt. Schon lange gilt die Getrennt-Schreibung als der Normalfall.

- *Auto fahren oder heimfahren?* Verbindungen aus Substantiv (Namenwort) und Verb (Tunwort) werden getrennt geschrieben, wenn das Substantiv als *eigenständig* angesehen wird: Maschine schreiben, Auto fahren, Rad fahren, Schlange stehen, Maß nehmen, Probe fahren, Klavier spielen

  Man schreibt zusammen, wenn das Substantiv *verblasst* ist: eislaufen, heimfahren, teilnehmen, leidtun, standhalten, stattfinden, teilhaben, schlussfolgern

  Wichtig: Wird das verblasste Substantiv abgetrennt, wird es dennoch kleingeschrieben: die Kinder liefen eis, dies zahlte der andere ihm heim, das Gericht gab der Berufung statt, viele Gäste nahmen an der Feier teil.

- *Verbindungen mit sein:* Verbindungen mit sein werden immer getrennt geschrieben: da sein, beisammen sein, sein lassen, dabei sein, vorbei sein

- *Wie viele und wieviel:* Früher schrieb man „wie viele" getrennt und „wieviel" zusammen. Heute wird beides auseinander geschrieben. Ebenso wie: zu viele, zu viel/ zu wenige, zu wenig/so viele, so viel.

- *Irgendwer trifft irgendwann auf irgendjemand:* Verbindungen mit *irgend-* werden jetzt auch grundsätzlich zusammengeschrieben: irgendwer, irgendwann, irgendein, irgendeinmal, irgendetwas, irgendjemand, irgendwie, irgendwo.

43. Groß- und Kleinschreibung

Im Deutschen schreiben wir nicht nur die Eigennamen und die Satzanfänge groß, sondern ebenso die Substantive.

Daran ändert auch die neue Rechtschreibreform nichts. Die Neuregelungen sollen das Schreiben erheblich erleichtern.

Dabei gibt es zwei Faustregeln:

- *Regel 1:* Achten Sie auf die Wortart, denn von der Wortart-Zugehörigkeit hängt die Groß- oder Kleinschreibung eines Wortes ab. Deshalb schreiben wir ab sofort *Angst machen* und *heute Mittag* groß (Angst und Mittag sind Substantive).

- *Regel 2:* Wenn Sie formale Kriterien antreffen, die es erlauben, ein Wort als Substantiv zu behandeln, dann schreiben Sie es groß.

  Solche formalen Kriterien sind das Vorhandensein von Artikel (*des* Näheren), Präposition (*im* Allgemeinen) oder Kasuszeichen (Gleich*es* mit Gleich*em* vergelten). Konsequenterweise wird jetzt beispielsweise auch *des Öfteren, im Übrigen* oder *im Nachhinein* geschrieben. Insgesamt erhöht sich die Zahl der großzuschreibenden Wörter leicht.

- *Du oder du im E-Mail?* Das Anredepronomen (Anredefürwort) *Sie* und die entsprechenden Abwandlungen, z.B. *Ihre, Ihnen,* werden großgeschrieben.

  Die Anredepronomen *du* und *ihr,* mit ihren entsprechenden Abwandlungen (*dich, euer ...*) werden kleingeschrieben. In Briefen und E-Mails können sie auch großgeschrieben werden!

- *Heute Abend oder Donnerstagabend oder donnerstagabends?* Stehen Bezeichnungen von Tageszeiten mit den Begriffen *gestern, heute, morgen* zusammen, so werden sie großgeschrieben: Heute Abend, übermorgen Mittag, gestern Nacht.

  Verbindungen aus Wochentag und Tageszeit werden nun groß und zusammengeschrieben: am Montagmorgen, am Donnerstagabend

  Die Adverbien(Umstandswörter) *abends, mittags* und *morgens* werden kleingeschrieben. In Verbindung mit

Wochentagen werden diese Adverbien klein- und zusammengeschrieben: *montagabends, samstagnachmittags, dienstagsmittags.*

■ *Die unbestimmten Zahladjektive werden ab sofort alle großgeschrieben.* Jeder Einzelne, als Einzelnes/Ganzes, alles Übrige/Mögliche/Weitere, Unzählige/Zahllose.
Auf jeden Fall großzuschreiben sind *im Nachhinein, im Voraus, im Vorhinein.*
Ausnahme: Weiterhin kleingeschrieben werden: *viel/wenig/eine/andere*
Der eine oder andere, nur noch weniges, alles andere, unter anderem, die meisten sind mit wenigem zufrieden, das können auch andere bestätigen.

44. Zeichensetzung

War die Zeichensetzung bisher ein besonders unübersichtlicher Bereich, so sollen die neuen Regeln dem Schreibenden mehr Freiheiten geben. Oft können Sie nach eigenem Ermessen ein Komma setzen, wenn Sie dadurch die Verständlichkeit erhöhen.

Die Freiheit beim Komma

■ *Das Komma zwischen Sätzen.* Zwei Hauptsätze werden durch Komma voneinander getrennt.
   » Ich kann rechnen, ich kann lesen.
   » Ich lese viel, ich reise gerne.
■ Kein Komma steht, wenn die Sätze durch *und* bzw. *oder* verbunden sind.
   » Sie telefonierte und der Kollege schrieb ein E-Mail.

- Es kann allerdings ein Komma stehen, um die Gliederung des Satzes zu verdeutlichen.
  - » Sie telefonierte, und der Kollege schrieb ein E-Mail.
- Auf jeden Fall ist ein Komma bei folgendem Satz angebracht: Er arbeitete viel im Büro, und zusammen mit Kollegen spielte er Golf, wenn er Zeit hatte.
- Bei Konjunktionen wie *aber, jedoch, doch, sondern* wird immer ein Komma gesetzt.

Mehr Klarheit – Das Komma bei Infinitiv- und Partizip-Gruppen

Bei Infinitivgruppen (Wortgruppen mit einer Grundform) muss in drei Fällen ein Komma gesetzt werden.
- Die Infinitivgruppe wird mit *als, (an)statt, außer, ohne, um* eingeleitet:
  - » Er sah fern, anstatt zu lernen.
  - » Ohne zu zögern, kaufte ich das Angebot.
  - » Sie ging ins Nebenzimmer, um in Ruhe zu telefonieren.
- Die Infinitivgruppe wird durch ein hinweisendes Fürwort eingeleitet:
  - » Hier bin ich *dafür*, das genau zu prüfen.
  - » Ich denke nicht *daran*, zu kommen.
- Die Infinitivgruppe hängt von einem Substantiv ab:
  - » Sie fasste den *Entschluss*, bald zu kündigen.
  - » Er hat den *Wunsch*, ins Kino zu gehen.

Konfliktfalle Rechtschreibung!

Zusammenfassung – Konfliktfalle Rechtschreibung! Die häufigsten Fehler in der neuen deutschen Rechtschreibung

Die neue deutsche Rechtschreibung beschäftigt all die Menschen, die zu Schulzeiten noch die alte deutsche Rechtschreibung gelernt haben.

» Orientieren Sie sich am Wortstamm: „Eine Gämse kletterte behände" und „Ein Tipp fürs Nummerieren"

» Schreiben Sie Doppel-ss nach kurzen Vokalen, scharfes-ß nach langen und Doppellauten.

» Treffen drei gleiche Buchstaben aufeinander, bleiben alle erhalten. Um das Lesen zu vereinfachen, können Sie diese mit Bindestrich trennen.

» Viele Fremdwörter wurden eingedeutscht und können nun vereinfacht geschrieben werden. Statt –ph schreiben Sie –f, statt –tial schreiben Sie –zial.

» Englische Wörter, die auf -y enden, erhalten im Plural einfach ein –s.

» Wann schreiben wir getrennt oder zusammen? Dieses Thema ist das schwierigste Kapitel der deutschen Rechtschreibung. Weil sich nicht alle Fälle eindeutig klären lassen, sind häufig zwei Varianten erlaubt.

» Groß- und Kleinschreibung: Faustregel 1 – Achten Sie auf die Wortart-Zugehörigkeit. Faustregel 2 – wenn ein Wort als Substantiv behandelt werden kann, schreiben Sie es groß.

» Die neuen Komma-Regeln geben dem Schreiber mehr Freiheit beim Verwenden. Setzen Sie dann ein Komma, wenn Sie etwas besonders betonen möchten oder es dadurch verständlicher wird.

XI. Anhang

45. Auflösungen von Kapitel 27.

Beispiel
Gliedes

Fundstück 1:
Derjenige, der den, der den Pfahl, der an der Brücke, die an
dem Wege, der nach Bracke führt, liegt, steht, umgeworfen
hat, anzeigt, erhält eine Belohnung von 100,00 Euro.
    Simpel geht's ganz einfach: „An der Brücke nach Bracke
wurde ein Pfahl umgeworfen. Wer den Täter anzeigt, erhält
100 Euro Belohnung."
Fundstück 2:
Zum Schutz des ökologischen Gleichgewichts der Uferzonen
der Wörthersee-Ostbucht, zur Vorbeugung gegen die Ausbreitung von Tierkrankheiten und zur Erhaltung der Tiergesundheit sowie im Interesse Ihrer eigenen Gesundheit und
Sicherheit ist die Fütterung der Wasservögel verboten.
    Simpel geht's ganz einfach: „Bitte füttern Sie keine Was-
servögel. Sie schützen damit den See, die Tiere und Ihre eigene Gesundheit. Danke!"

46. Quellennachweise

[1]   Spiegelneuronen: Warum ich fühle, was du fühlst: Intuitive Kommunikation und das Geheimnis der Spiegelneurone; Joachim Bauer, Heyne Verlag, 2006. Erstmals veröffentlicht: G. di Pellegrino, L. Fadiga, L. Fogassi, V. Gallese, G. Rizzolatti: *Understanding motor events: a neurophysiological study*. In: *Experimental brain research*. Band 91, Nummer 1, 1992, ISSN 0014–4819, S. 176–180, PMID 1301372.

[2]   Lächel-Studie: http://www.spiegel.de/wissenschaft/mensch/laecheln-bei-stress-senkt-die-herzschlagrate-a-847420.html. Facial Feedback Hypothese: Strack, F, Martin, L. L & Stepper, S. (1988). Inhibiting and Facilitating Conditions of the Human Smile: A Nonobtrusive Test of the Facial Feedback Hypothesis, Journal of Personality an Social Psychology, 54, 768–777.

[3]   Hochschule Harz belegt Wirkung von Worten: Teesorte – Geschmack.   http://www.zeit.de/zeit-wissen/2012/06/Sprache-Worte-Wahrnehmung

[4]   Hochschule Harz belegt Wirkung von Worten: Arzt verabreicht Medikamente. http://www.unternehmer.de/management-people-skills/152441-die-positive-negative-wirkung-der-worte-darauf-sollten-sie-bei-gespraechen-achten.

[5]   Metaphern können töten – Kriminalitätsstatistik. http://journals.plos.org/plosone/article?id=10.1371/journal.pone.0016782. http://www.zeit.de/zeit-wissen/2012/06/Sprache-Worte-Wahrnehmung/seite-2.

[6]   Professor Bernard Roth „The Achievement Habit", Harper Business, 2015

[7]   „Design Thinking". Hester Hilbrecht, Oliver Kempkens: Design Thinking im Unternehmen – Herausforderung mit Mehrwert. In: Digitalisierung und Innovation. Springer Fachmedien, Wiesbaden, ISBN 978-3-658-00370-8, S. 347–364, doi:10.1007/978-3-658-00371-5_18.

[8] „Macht des Weils" wurde von der Psychologin Ellen Langer dokumentiert: http://jamesclear.com/wp-content/uploads/2015/03/copy-machine-study-ellen-langer.pdf.

[9] Eisberg-Modell – Kommunikation: 2. Axiom von Paul Watzlawick: „Jede Kommunikation hat einen Inhalts- und einen Beziehungsaspekt, wobei Letzterer den Ersteren bestimmt und daher eine Metakommunikation ist." Mit Janet H. Beavin, Don D. Jackson: Menschliche Kommunikation – Formen, Störungen, Paradoxien. Huber, Bern 1969 (12. unveränd. Aufl. 2011), ISBN 3456834578.

[10] Dirk.W.Eilert, „Mimikresonanz: Gefühle sehen. Menschen verstehen", Jungfermann Verlag, 2013. Der Test wurde freundlicherweise zur Verfügung gestellt von Dirk. W. Eilert/Mimikresonanz.

[11] 98% der Mitarbeiter in Unternehmen nutzen täglich E-Mails: Studie der Forschungsgruppe Kommunikationssystem: https://www.munich-digital.com, 2013.

[12] 196 Milliarden E-Mails täglich: Radicati E-Mail Statistics Report 2014.

[13] Impressum bei E-Mails: Gewerbeordnung WKO. https://www.wko.at/Content.Node/Service/Wirtschaftsrecht-und-Gewerberecht/E-Commerce-und-Internetrecht/Impressum--E-Mail/Impressumsvorschriften_GewO_IB.pdf.

[14] Disclaimer: https://www.datenschutzbeauftragter-info.de/e-mail-disclaimer-ueberfluessiger-textbaustein/.

[15] Disclaimer Recht Österreich https://www.wko.at/Content.Node/Service/Wirtschaftsrecht-und-Gewerberecht/E-Commerce-und-Internetrecht/E-Commerce-allgemein/Haftung_fuer_Links_auf_fremde_Seiten_im_Detail.html.

[16] Erklärung zu PDF – https://acrobat.adobe.com/at/de/why-adobe/about-adobe-pdf.html.

[17] www.hrweb.at/2016/03/pressemeldung-wortwelt-studie-vermisst-positionierung-bei-abwesenheitsnotizen/.

[18] Kurze Sätze wirken plakativer – Schauer, Manfred „Die Macht des Wortes: Mit positiver Sprache zum Erfolg", 2013, molden verlag.

[19] DIN 5008 – www.din-5008-richtlinien.de

[20] Bargh, J. A., Chen, M., &Burrows, L.: Automaticity of social behavior: Direct effects of trait construct and stereotype priming on action. In: Journal of Personality and Social Psychology. Nr. 71, 1996, S. 230–244.

[21] Amy Cuddy – Power Poses – The Benefit of Power Posing Before a High-Stakes Social Evaluation, Harvard Business School Working Paper, No. 13–027, September 2012. https://dash.harvard.edu/bitstream/handle/1/9547823/13–027.pdf?sequence=1

[22] Anne Lamott „Bird by Bird", Anchor Books, 1994

[23] Hans Peter Förster „Texten wie ein Profi", 8.akt. Auflage 2006, Frankfurter Allgemeine Buch, Frankfurt am Main

[24] Duden, So schreibt man jetzt. Das Übungsbuch zur neuen deutschen Rechtschreibung, 4. Auflage Duden Ratgeber 2006

47. Literaturverzeichnis

Bauer, Joachim (19. Auflage 2012): Warum ich fühle, was du fühlst. Intuitive Kommunikation und das Geheimnis der Spiegelneurone; Wilhelm Heyne Verlag, München

Birkenbihl, Vera F. (2013): Kommunikationstraining: Zwischenmenschliche Beziehungen erfolgreich gestalten; mvg-Verlag

Birkenbihl, Vera F. (3. Auflage 2005): Positives Denken von A bis Z: So nutzen Sie die Kraft des Wortes, um Ihr Leben zu ändern; mvg-Verlag

Birkenbihl, Vera F. (1995): Kommunikation für Könner ... schnell trainiert. Die hohe Kunst der professionellen Kommunikation; mvg-Verlag

Dressel, Martina (2. Auflage 2005): E-Mail „Knigge" Wider den Sittenverfall in der E-Mail Kommunikation; E-Book, WEB GOLD Akademie Dr. Dressel e.

Duden (3. Auflage 2015): Briefe und E-Mails gut und richtig schreiben – Geschäfts- und Privatkorrespondenz verständlich und korrekt formulieren; Dudenverlag Berlin

Duden (4. Auflage 2006): So schreibt man jetzt! – Das Übungsbuch zur neuen deutschen Rechtschreibung; Dudenverlag Mannheim · Leipzig · Wien · Zürich

Duden (2. Auflage 2011): Crashkurs Rechtschreibung – Ein Übungsbuch für Ausbildung und Beruf; Dudenverlag Mannheim · Zürich

Eicher, Hans (2015): Die verblüffende Macht der Sprache – Was Sie mit Worten auslösen oder verhindern und was Ihr Sprachverhalten verrät; Springer Gabler Verlag, Wiesbaden

Eilert, Dirk W. (2013): Mimikresonanz – Gefühle sehen. Menschen verstehen; Jungfermann Verlag, Paderborn

Ekman, Paul (2.Auflage 2010): Gefühle lesen – Wie Sie Emotionen erkennen und richtig interpretieren; Spektrum Akademischer Verlag ist ein Imprint von Springer, Heidelberg

Finzi, Eric (2013): The Face of Emotion – How Botox Affects Our Moods and Relationships; Palgrave Macmillan

Gordon, Thomas (2005): Managerkonferenz: Effektives Führungstraining; Heyne Verlag

Klade, Caroline (2010): Die Kraft des Wortes – Gekonnt argumentieren und überzeugen; Amalthea Signum Verlag, Wien

Muschitz, Michaela (2010); Klartext schreiben im Business – So formulieren Sie Ihre Texte schneller, verständlicher und wirksamer; Gabal Verlag Offenbach

Neumann, Jörg (2015); Formulieren ohne Floskeln – Geschäftskorrespondenz mit Pep und Persönlichkeit; Redline Verlag, München

Nussbaum, Cordula (2012); Organisieren Sie noch oder leben Sie schon? Zeitmanagement für kreative Chaoten; Campus Verlag

Schauer, Manfred (2013): Die Macht des Wortes – Mit positiver Sprache zum Erfolg; Molden Verlag in der Verlagsgruppe Styria

Schmitt, Irmtraud (4. Auflage 2015); Geschäftsbriefe und E-Mails – Schnell und professionell. Moderne Korrespondenz leicht gemacht; Business Village, Göttingen

Schulz von Thun, Friedemann (48. Auflage 2010): Miteinander Reden – Störungen und Klärungen, Allgemeine Psychologie der Kommunikation, Rowohlt Taschenbuch Verlag

Schulz von Thun, Friedemann (32. Auflage 2010): Miteinander Reden – Stile, Werte und Persönlichkeitsentwicklung, Differenzielle Psychologie der Kommunikation, Rowohlt Taschenbuch Verlag

Schulz von Thun, Friedemann (Originalausgabe 2013): Miteinander Reden – Das „Innere Team" und situationsgerechte Kommunikation, Kommunikation, Person, Situation, Rowohlt Taschenbuch Verlag

Seiwert, Lothar (2009); Noch mehr Zeit für das Wesentliche: Zeitmanagement neu entdecken; Goldmann Verlag, München

Siekmeier, Susanne (2. Auflage 2014): Professionelle Korrespondenz – Moderne Geschäftsbriefe und E-Mails mit Wirkung; Business Village, Göttingen

Watzlawik, Paul (1978); Wie wirklich ist die Wirklichkeit? Wahn, Täuschung, Verstehen; Serie Piper

48. Online – Literatur

Blatter, Ivan: https://ivanblatter.com/; Personal Trainer für neues Zeitmanagement

Heidenberger, Burkhard: www.zeitblueten.com; Zeitmanagement, Zielmanagement, Arbeitsmethodik

Simplify your Life: http://www.simplify.de; Orgenda Verlag für persönliche Weiterentwicklung, Bonn

Tantau, Björn: www.bjoerntantau.com – Marketing, das echt funktioniert

49. Danksagungen

Danke, Thank you, Merci, Grazie, Gracias, Ďakujem

Wann hatten wir das erste Mal die Idee, ein Buch zum Thema E-Mail Kommunikation zu schreiben? Sie werden es nicht glauben: vor acht Jahren. Wir haben damals für einen großen Kunden in der IT-Branche in der Slowakei E-Mail Seminare entwickelt und sehr erfolgreich umgesetzt. Schon damals ging es um die Probleme und Konflikte, die sich aus E-Mails entwickeln können.

Nach der Idee: „Daraus machen wir ein Buch" und einigen Schreib-Starts liegt es nun endlich vor Ihnen.

Wir danken aus diesem Grund ganz besonders unserem Verleger Elmar Weixlbaumer vom Goldegg-Verlag, dass er an das Thema und an uns als Neu-Autorinnen geglaubt hat.

Michaela Muschitz danken wir für ihre Unterstützung, ihren Weitblick, ihre Anregungen und ihre Geduld. Sie begleitet uns schon seit vielen Jahren voll Enthusiasmus und mit ihrer Kompetenz und Liebe zum Schreiben bei verschiedenen Schreibprojekten.

Unserer Lektorin Verena Minoggio-Weixlbaumer danken wir für ihr wertschätzendes Hinterfragen bei Themen, bei denen wir glaubten, dass diese selbstverständlich und klar seien. Wir haben ihre Anregungen und Ideen gerne aufgegriffen und verarbeitet. Ihr leserorientiertes Auge hat so manchen staubtrockenen Satz erst zum Leben erweckt.

Ein großer Dank auch an den Grafiker des Goldegg Verlags, der unsere Ideen für das Cover und die Grafiken im Buch so bereitwillig aufgenommen und so kreativ umgesetzt hat.

Dirk W. Eilert danken wir besonders dafür, dass wir das von ihm entwickelte Modell der Mimikresonanz® Typologie in unserem Buch verwenden dürfen. Er hat uns vor einigen Jahren in die Welt des Emotionen-Erkennens eingeführt. Wir sind seit damals noch mehr sensibilisiert, was in unserer Kommunikation geschieht, sobald Informationen der Körpersprache, der Mimik, der Gestik und der Stimme wegfallen.

All unseren vielen Seminarteilnehmerinnen und Seminarteilnehmern danken wir für ihre Beispiele aus der Praxis. Diese waren manchmal zum Lachen, manchmal zum Kopfschütteln, manchmal zum Niesen vor lauter verstaubten Formulierungen oder auch manchmal zum Wundern.

Unseren Seminar-Auftraggebern, die in all den Jahren an unsere Expertise geglaubt haben (noch ohne Buch) und Seminare zu diesem wichtigen Thema bei uns gebucht haben. So konnten wir unser Wissen teilen, erweitern, aktualisieren und letztendlich in diesem Buch verarbeiten.

Allen Menschen, die sich mit uns gemeinsam Gedanken gemacht haben, welcher Titel am besten die Inhalte unseres Buches widerspiegelt. Allen voran Michael Rossié, der uns bei einem spontanen Coaching in einer Seminarpause viele wertvolle Tipps dazu gegeben hat.

Und ganz besonders danken wir einander für den Glauben an unser Buch, das Durchhalten, das immer wieder Neuanfangen, einfach für das Abenteuer Buchschreiben! Wir kennen uns nun schon seit mehr als zwanzig Jahren und arbeiten seit 2003 gemeinsam in unserem Unternehmen. Wir haben jedes Wort und jede einzelne Zeile in diesem Buch gemeinsam geschrieben. Und wir haben uns nie, nicht einmal, darüber gezankt oder gestritten, wie was zu schreiben ist, was wichtiger oder weniger wichtig ist oder wohin welcher Satz gehört. Das ist so eine besondere Qualität der Zusammenarbeit, die wirklich ihresgleichen sucht.

Und wir hoffen, dass dies auch für Sie beim Lesen spürbar war.